Harald Malz

Grundlos heiter

Harald Malz

Grundlos heiter

Freche Texte

Verlag
unibuch

www.unibuchverlag.de

Umschlaggestaltung: Germano Wallmann · Gronau · www.geisterwort.de
unter Verwendung eines Motivs von Jacob Medien
Satz: Germano Wallmann · Gronau · www.geisterwort.de
Druck: BoD – Books on Demand GmbH · Norderstedt

ISBN 978-3-934900-70-7

Bibliografische Information der Deutschen Nationalbibliothek
Die Deutsche Nationalbibliothek verzeichnet diese Publikation
in der Deutschen Nationalbibliografie; detaillierte bibliografische Daten
sind im Internet über ‹http://dnb.dnb.de› abrufbar.

Für Brunhilde

Inhalt

Vorwort

Grundlos heiter zu sein, ist schwierig. Aber man kennt Hilfsmittel – nur dann ist's nicht mehr grundlos. Heinz Erhardt löste melancholische Stimmungen mit alkoholischen Getränken auf. Er singt: »Wenn ich einmal traurig bin, trink ich einen Korn, wenn ich dann noch traurig bin, trink ich noch 'n Korn …« Wilhelm Busch weiß, dass der von Sorgen Verfolgte immer auch Likör hat. Schiller meint: Ernst ist das Leben, heiter die Kunst. Ist Heiterkeit etwas, das man sich mühsam erarbeiten muss, oder ist sie ein Geschenk? Heiterkeit ist aufgeräumte, frohgemute Stimmung. Im Mittelhochdeutschen bedeutete das Wort »Klarheit«. Noch erhalten in der Wendung »heiteres Wetter«. Ich finde, das ist eine wunderschöne zweite Bedeutung. Doch wie kann Kunst Heiterkeit auslösen, wenn man bisweilen von Schreibblockaden geplagt ist? Dann wird auch die Kunst plötzlich bitterernst. Dagegen kann oftmals nur noch eine Tafel Schokolade Abhilfe schaffen, sage ich.

Wenn jedoch erstmal das Hindernis »Schreibblockade« aus dem Weg geräumt ist, sprudelt meine Fantasie geradezu über: die Zeitungslektüre, ein einzelnes Wort, eine Beobachtung, ein Traum oder eine ungewöhnliche Assoziation sind die Inspirationen für meine Kurzgeschichten. Viele meiner Geschichten und Texte sind in Lesungen erprobt – und haben Heiterkeit ausgelöst. Das ist auch der Grund, warum ich sie in diesem kleinen Buch konservieren möchte, um sie auf diese Weise noch weiterzuverbreiten und damit die ihnen innewohnende Fröhlichkeit.

Auch ich bin nicht wirklich grundlos heiter, aber beim Verfassen meiner Texte ergreift mich häufig diese angenehme Verfasstheit, die ein gewisses Suchtpotential birgt. Doch Heiterkeit ist flüchtig. Ich glaube, niemand ist in der Lage, sie auf Dauer festzuhalten. Ich wünsche mir, dass die Lektüre meines Buches einen Hauch von Heiterkeit verbreitet und ein Lächeln auf die Gesichter meiner Leser zaubert.

Es ist Magie!

Das fliegende Klavier

Neulich erwachte ich aus dem Schlaf, weil ich eine ungewöhnliche Melodie einschließlich der Begleitung in der linken Hand geträumt hatte. Sie war in As-Dur. Sie hatte ungewöhnliche Intervallsprünge, Halbtöne, mal orientalisch klingend, dann wieder hymnisch, mal im Vierviertel-, dann im Neunachteltakt. Ich eilte, nein ich taumelte noch schlaftrunken in meinen Kreativraum, zog ein Blatt Notenpapier aus dem Regal und schrieb das im Traum Gehörte mit fliegendem Bleistift in 32 Takten nieder. Anschließend stürzte ich ins Musikzimmer an meinen Sauter-Flügel und spielte die ersten Takte. Etwas Seltsames geschah. Sein Hinterdeckel begann, sich um zwei bis drei Zentimeter auf und ab zu bewegen. Der Flügel klapperte wie ein zahnloser Greis vor dem Einsetzen der Vollprothese. Die Rollen unter den Beinen fingen an zu rotieren. Sie drehten durch, so dass auf dem Parkett ein sirrendes Geräusch entstand. Das Instrument war in eine gewaltige Unruhe versetzt. Es wollte etwas von mir. Nur langsam drang in mein Bewusstsein vor, dass der Flügel sein angestammtes Zimmer verlassen wollte. Mein Musiksalon weist in den Garten und hat eine große Glasschiebetür. In einem Anflug von Erkennen schob ich sie auf. Schon kam das schwarze Hochglanz-Ungetüm auf mich zugerollt. Und drängte hinaus. Ich schnappte die Klavierbank und begann von Neuem, die sonderbare Melodie zu spielen. Der Deckel schlug heftiger. Die Ausschläge waren schon einen Meter weit. Der dadurch entstehende Luftzug verwehte mein Haar, die drei Rollen hoben leicht vom Boden ab, ein Beben erfasste das Instrument. Immer heftiger und weiter schwang der Deckel bis wir alle drei, der Flügel, die Klavierbank und ich schon einen Meter über dem Boden schwebten.

Die Melodie schwang sich chromatisch in die Höhe. Dasselbe tat jetzt mein fliegender Flügel. Wir hoben ab, befanden uns nun über den Apfelbaumwipfeln. Die Sicht war gut. Der Vollmond hatte die Landschaft in ein sanftes, silbernes Licht getaucht. Ohne mein Zutun spielte der Flügel »Claire de Lune« von Claude Debussy. Mein Nachtgewand flatterte sanft im uns umströmenden Wind. Mit angenehmer Fluggeschwindigkeit überquerten wir den Bach und die stille Straße. Mein Fluggefährt hatte eine bestimmte Vorstellung davon, wo es hinwollte. Wir flogen auf den Deister zu. Wir befanden uns jetzt über dem Kamm, also mussten wir eine Flughöhe von mindestens vierhundert Metern erreicht haben. Das war meinem Flügel nicht genug. Er stieg und stieg. Gewaltig rauschte sein Deckel in der Nachtluft. Nun spielte das Klavier den dritten Satz von Beethovens Mondscheinsonate, Presto agitato. Ich griff ins Spielwerk und beruhigte mein fliegendes Instrument mit Brahms' »Guten Abend, gute Nacht«. Ich wurde gewahr, dass mir mein Flügel auch gehorchte. Spielte ich die Tastatur hinauf, so stieg er, spielte ich einen Abwärtslauf, so sank er. Die Richtung konnte ich mit dem linken und rechten Pedal ändern. Ich folgte der Bundesstraße bis in die niedersächsische Landeshauptstadt. Ich überflog das Rathaus, machte eine Kehre bewegte mich über den mild das Mondlicht widerspiegelnden Maschsee. Ich hatte einige Schwäne aus dem Schlaf geschreckt. Sie ließen ein gedehntes, heiseres Trompeten hören. Mein Flügel machte einen Scherz und spielte ein paar Takte aus Schwanensee. Humor hatte er. Wir folgten dem Flusslauf der Leine aufwärts bis zur Marienburg mit ihrem beeindruckenden Profil vor dem Nachthimmel. Wir drehten scharf nach Westen und befanden uns schon wieder auf dem Heimflug, als uns das Triebwerksgeräusch einer herannahenden F-16 zu Tode erschreckte. Mein Flügel kam ins Trudeln. Ich konnte ihn gerade noch mit schnellem linken und rechten Pedaleinsatz stabilisieren. Wir waren vom militärischen Flugradar der Bundesluftwaffe erfasst worden, und der Pilot hatte den Befehl erhalten, das unbekannte Flugobjekt abzufangen.

Oberstleutnant Dennis Firestarter konnte das Objekt identifizieren und meldete das Gesehene über Bordfunk an seine Bodenstation: Fliegender Flügel mit pianistischem Piloten. Dort lachte man herzlich. Uns trennten nur noch wenige Kilometer von meinem Haus. Wir setzten sehr behutsam zur Landung an, weil ich den Flügelbeinen nicht viel zutraute. Mein alter Sauter, nein es war kein Steinway, die können das nicht, rumpelte auf seinen Platz, und ich strich ihm liebevoll über den Rim, seine kurvige Seite, und sagte »Gute Nacht«.

Die neue Hose

Unlängst war ich in einem ganz normalen Kaufhaus und kaufte mir eine Hose aus grünem Denim in Bundweite 38 für 69,95 Euro. Ja, ich weiß, eine recht große Größe für meinen nicht mit Idealmaßen punktenden Leib, der meinem Geiste Wohnung gibt. Trotz redlicher Versuche in meinem Fitnessstudio. Bei meiner Figur ist es ratsam, Hosenträger zu tragen, obwohl es, rein sprachlich betrachtet, absurd ist, Einrichtungen, die Träger heißen, zu *tragen.* – Sonst rutscht die Hose, auch mit Gürtel. Ich erinnere an dieser Stelle gern an den Sanitätsgefreiten Neumann: Ein dreifach Hoch, …, …, dem Sanitätsgefreiten Neumann, der, schon lange her, die Hosenträger hat erfunden. Früher musste man sich plagen, seine Hosen selber tragen. Heute wendet jedermann Neumanns Hosenträger an.

Dies alles ging mir durch den Kopf, als ich auf der Außenterrasse eines Cafés saß und ein nicht ganz kleines Speiseeis mit Sahne verzehrte. Ich hatte schon besseres Eis gegessen, aber heute war der Tag, an dem ich mir vorgenommen hatte, die Welt, so gut es ging, positiv zu sehen. Am Nebentisch saß eine schöne Frau, die nach ihrem eleganten Zigarettenetui griff, um sich eine Zigarette – sagt man noch »Lungenstäbchen«? – anzuzünden. Hilfesuchend schaute sie sich um, denn sie hatte weder Zündhölzer noch ein Feuerzeug. Ich dachte bei mir: »Ach hätte ich doch ein goldenes Feuerzeug, um der schönen Dame aus ihrer Kalamität zu helfen.« Daraufhin meldete, regte sich zu meiner Überraschung etwas in meiner neuen Hose. Nicht, was jetzt einige denken. Zügeln sie sich. Auch war es nicht der Vibrationsalarm meines Handys. Ich griff in die Hosentasche, zog einen Gegenstand ans Licht und es war – ja – ein goldenes Feuerzeug. Ich reichte der Frau mit einer zierlichen, aber doch männlichen Bewegung von Arm und Hand Feuer und versuchte, auch Glut in meinen Blick zu legen. »Ist Ihnen nicht gut?« fragte die Dame besorgt. Doch letztlich wurde ich mit einem warmen, dankbaren Lächeln auf ihrem ebenmäßigen Gesicht für meinen Einsatz belohnt.

Das war jetzt was! Ich hatte verstanden, dass ich mich im Besitz einer magischen Hose befand. Doch man darf sie nicht überfordern. Ein Porsche Panamera oder einen Steinway-Flügel sind ein No-Go. Sie lieferte aber schon einen Nagelknipser, ein gekochtes Ei, fünfhundert Euro in Hunderteuroscheinen, einen Nasenhaartrimmer mit Batterie. Außerdem eine Tüte Gummibärchen. Manchmal klopfe ich auf meinen Po und frage: »Wisst ihr, was das ist?« Wenn keine Antwort erfolgt, und das passiert in den überwiegenden Fällen, sage ich: »Das ist meine Spendierhose!« Und die Menschen wissen nicht, wie nahe das der Wahrheit kommt. Im Südosten der Türkei, da wo eine kleine Textilfabrik steht, in der meine Hose angefertigt wurde, gibt es noch Überreste eines vorislamischen, hethitischen Zaubers, der so wirkmächtig ist, dass von Zeit zu Zeit eine magische Hose das Werk verlässt.

Zeichen

Bei einer Radtour durch den jungen Frühling sah ich das erste Zeichen auf der Chaussee liegen, ganz nah am Randstreifen bewachsen mit zaghaften Gräsern und aufblühendem Löwenzahn. Es war ein silberner Esslöffel, schon viele Male von grausamen Reifen aller Art geplättet und verbogen. Von Bussen, LKWs, Autos verschiedenster Marken von Maserati bis Honda Civic, die hier aber nur stellvertretend für so viele Herstellernamen stehen sollen. Immer wieder hatte er sich aufgebäumt, hatte schlimme Verformungen und Verbiegungen erleiden müssen, bis ihn ein gnädiges Schicksal außerhalb der Reichweite der wütenden Pneus geschleudert hatte. Bruchteile von Sekunden nur war er in meinem Blickwinkel, während ich und mein Bike eine langgezogene Steigung am Rand des geheimnisumwitterten Deisters zu bewältigen hatten. Die Sonnenstrahlen fielen durch eine Fügung, die nur ein Mächtigerer als wir arrangiert haben konnte, so auf das helle Metall des Löffels, dass ich, der Auserwählte, ihn wahrnehmen konnte. Wie kam er hierher? Wem konnte er einstmals gehört haben? Einem Bettler, einem Edelmann? König Artus fehlte er vielleicht an seiner Tafelrunde? Könnte Artus, nachdem er das Schwert Excalibur aus dem Stein gezogen hatte, daheim das Tafelsilber gezählt und gerufen haben: »Mir fehlt ein Löffel!« In Gedanken ging er die Namen der Gefährten durch: Könnte ihm jemand seiner Getreuen den Löffel gestohlen haben, der gute Lancelot vielleicht, oder Parceval, Galahad oder Tristan? Artus schämte sich seiner Gedanken. – Und auch ich zügelte meine Fantasie, die mit mir durchzugehen drohte. Während des unermüdlichen Auf und Ab der Pedale meines Stahlrosses, natürlich ohne elektrischen

Antrieb, strömten neue Eindrücke des erwachten Frühlings auf mich ein: das wie hingetupfte Gewölk im zarten Blau des Himmels, die Blattknospen; »das Grün bricht aus den Zweigen, wir wolln das allen zeigen, dann wissen sie Bescheid«, wie schon Wolf Biermann sang. Und die Motorradrotte, die mit ihren blank geputzten Bikes knatternd, polternd und surrend an mir vorbeischoss. Ich vergaß ihn einfach wieder, den Löffel, das erste Zeichen.

Es mag eine Woche später gewesen sein, da zog es mich an anderer Stelle erneut in den altehrwürdigen Deister, diesmal zu Fuß. Meinen Gedanken nachhängend war ich schon eine Weile gegangen, als ich ein vielleicht zwei Meter, also mehr als ein Klafter langes, altes, rostiges Eisenrohr mit einem Durchmesser von geschätzt zwei Zentimeter an eine alte Eiche gelehnt sah. Es war über die ganze Länge spiralförmig umwunden von einem rostigen dünnen, wenige Millimeter starken Draht. Sofort stellte sich bei mir die Vorstellung eines Herrschaftsstabes ein, wie ich ihn einmal auf einer Darstellung der Göttin Hera gesehen hatte. Es war das zweite Zeichen. Denn blitzartig fiel mir der grotesk verformte Löffel wieder ein. Nur in welchem Zusammenhang standen die beiden: Der Löffel vom Hofe des Königs Artus und der Herrschaftsstab einer Göttin. Hera, die große Mutter, konnte ohne Zeugung Kinder hervorbringen. So hatte sie Ares, den Kriegsgott und Hephaistos, den Gott des Feuers geboren. Oder war es nur der Herrschaftsstab der Grafen Hallermund? Wie ging das alles zusammen. Nachdem ich das Zepter wiegend in die rechte Hand genommen, gehalten und dann aber wieder an den Eichenstamm gelehnt hatte, schritt ich grübelnd weiter durch den sich in frischem Grün zeigenden Wald und wieder musste ich an die Verse Wolf Biermanns aus seinem Lied »Ermutigung« denken, das Grün bricht aus den Zweigen. Von dort war es nicht weit zu seinem »Von mir und meiner Dicken in den Fichten«, in dem er von seinen sexuellen Heldentaten erzählt. Ich musste meine Gedanken unter Kontrolle bringen; was brodelte und waberte nicht alles durch meinen Kopf.

Bis jetzt hatte ich sie gar nicht wahrgenommen. Die Vögel sangen bis an ihre Leistungsgrenze. Buchfinken antworteten den Rivalen über weite Entfernungen, Zaunkönige rollten und knirschten, dass es eine Freude war, und der Zilpzalp sang sein eintöniges Lied. Ich empfand den Vogelgesang als Wohlklang, und wusste doch, dass hormongeschwängerte Männchen ihr Revier verteidigten, auf Brautschau waren, und die Weibchen aufgrund der sanglichen Qualitäten der Männchen Hinweise auf die Leistungsfähigkeit und Gesundheitszustand eines Bewerbers erhielten.

Mein Weg führte mich bergan. Meine Oberschenkel brannten, mein Atem ging schwer. Der Sonne gelang es immer wieder, in der aufgebrochenen Wolkendecke Lücken zu finden und hindurch zu scheinen. Vom Rand einer großen Lichtung aus, die von hohem, chlorophyllgesättigtem Gras bewachsen war, drang ein goldener Widerschein in mein Auge, sicher mindestens zweihundert Meter entfernt im angrenzenden Baumbestand. Ich konnte nicht anders, ich musste an eine große, blinkende Goldmünze denken und näherte mich dem Phänomen. Als ich nahe genug herangekommen war, entpuppte es sich als der goldfarbene Deckel eines Marmeladenglases, das in schrägem Winkel im Waldboden lag und die Sonne hatte ihn goldenes Licht reflektieren lassen. Das Marmeladenglas Wilhelms des Zweiten, der während eines Besuchs im Saupark zu Springe ein Picknick mit seiner Entourage im Wald gemacht hatte, und eben dieses Glas war beim Aufbruch liegen geblieben. Im Inneren befand sich eine magische braune Masse. Das dritte Zeichen. Nun fügte sich alles zu einem Bild: Löffel, Eisenrohr und Marmeladenglas. Sie bildeten ein Dreieck auf der Landkarte. Und im Schnittpunkt der Winkelhalbierenden dieses Dreiecks befand sich mein Haus. Ich war der Weise, dessen Zeichen Löffel, Rohr und Marmeladenglas waren. Ich sah voraus, dass die Mächtigen aus aller Welt mir ihre Aufwartung machen würden, um Rat und Hinweise von mir zu erhalten, wie sie ihre Macht zum Wohle aller in ihren jeweiligen Ländern einsetzen könnten und ich spendete meine Honorare der SPD.

Ludwig, Alfred und ich

Neulich haben wir wieder zusammengesessen. Ludwig, Alfred und ich. Also Ludwig van Beethoven, Alfred Brendel und ich. Brendel spielt. Auf meinem bescheidenen Bechstein – Klavier. Nein, das stimmt nicht. Eigentlich habe ich eine CD aufgelegt. Eine Klaviersonate von Ludwig, Nr. 21, »Waldstein«. Ich höre den beiden zu, ich singe mit. Ludwig ist entsetzt, er zischt und legt den Zeigefinger der rechten Hand auf die Lippen. Ludwig ist auch nicht *wirklich* da. Aber Brendel zitiert den Geist Beethovens, nein er beschwört ihn, und so leuchtet sein Charakterkopf gespenstisch im Halbdunkel unseres Wohnzimmers; oder sollte ich Salon sagen? Brendel spielt den ersten Satz zu langsam. Beethoven ist unzufrieden. Immer wieder fordert er ihn wild gestikulierend zu höherem Tempo auf. Bei mir zu Besuch ist der alte Beethoven, vielleicht der von 1825. Grau, löwenköpfig und er müffelt. Er riecht nach einer Mischung aus Ungewaschen und Mottenkugeln. Er hört nicht mehr gut, eigentlich ist er fast taub. Aus irgendeinem Grund weiß Ludwig aber, dass man eine Stereoanlage lauter stellen kann, und spornt mich an, die Musik sehr laut zu drehen. Die Weingläser im Schrank fangen an zu vibrieren. Der Rotwein in meinem Glas schlägt konzentrische kleine Wellen. Brendel spielt ekstatisch und mir ein bisschen zu wirkungssicher theatralisch. Obwohl: Beethoven und ich sind uns jetzt einig!

Brendel spielt wirklich gut. Friedrich Gulda schaut vorbei. Nickt anerkennend, macht eine großmäulig freche Bemerkung, ist aber schon wieder weg. Glenn Gould taucht auf. Hallo, Glenn, rufe ich, hast du gehört, dass hier gute Musik gespielt wird? In den Taschen seines abgeschabten Cord-Jacketts klappern die Tablettenschachteln. Er wirkt verlangsamt. Winkt mit den unglaublich schlanken, langen Pianistenfingern und löst sich unmerklich in einem fahlen pfirsichblütenfarbenen Schein an der Zimmerdecke auf. Alfred Brendel wird feurig. Er ist jetzt am Ende des letzten Satzes: Prestissimo! Ich bin auch befeuert. Das muss bei mir am Rotwein liegen. Ludwig will auch noch ein Glas. Sein drittes.

Er macht Gesten, denn Alfred ist nicht nur sehr schnell, sondern auch fortissimo, sehr laut. Brendel kommt auf einem knackigen C-Dur-Akkord zum Schluss. Überschwänglich loben wir den Pianisten. Die Anstrengung steht ihm ins Gesicht geschrieben. Alfreds Stirn ist feucht und er atmet schwer. Mein Gott, Alfred, in deinem Alter. Er ist gerade 81 Jahre alt geworden. Er möchte einen Kaffee. Wird gemacht, Maître. Als ich mit dem Kaffee zurückkomme, frage ich Ludwig, wie er nach Hause komme. Draußen warte sein Boot aus Mondlicht, antwortet er. Oder sagt er »Mondschein«? Ich schaue hinaus. Und richtig: Der Mond ist aufgegangen und hat einen winzigen Teil seines Lichts in Form einer Barke in unserem Garten aufgehäuft.

Alfred hat seinen Kaffee ausgetrunken. Als Österreicher ist er Besseres gewohnt als unsere Maschinenbrühe. »Nimmst du mich mit?« fragt er Ludwig. Beethoven nickt ein wenig unwillig. Da er aber von Alfreds Spiel beeindruckt ist, kann er schlecht nein sagen. Ich bringe die beiden vor die Tür. Es ist sehr kalt geworden. Ich bedanke mich bei Ludwig und Alfred und sage, es wäre schön, wenn sie mal wieder vorbeischauen würden.

Beide setzen sich in Ludwigs Mondboot und entschwinden in einer flirrenden Lichtexplosion.

Es war ein schöner Abend.

Der kleine Nöck

Im Steinhuder Meer hatte ein Seeadler, es kann auch ein Fischadler gewesen sein, versehentlich einen kleinen Nöck gefangen. Er wollte damit seine Brut auf dem nahe gelegenen Brutbaum füttern. Nöcke sind Wassergeister, die von alters her unsere Seen, Bäche und Flüsse bewohnen und Schabernack mit den Menschen treiben, sie ins Wasser ziehen, unter Mühlrädern wohnen oder Flussfurten bewachen. Im Zeitalter der Brücken, Flussbegradigungen, elektrischen Getreidemühlen, Regenrückhaltebecken, und an Flüssen liegenden Atomkraftwerken ist ihre Zahl stark zurückgegangen. Sie stehen auf der Liste der bedrohten Geistarten, genauso wie Baumgeister, Luftgeister, Wichtelmänner und Kobolde, Gnome und Süntelgeister.

Unser Seeadler also wollte seine Beute zu seinem Horst bringen. Der kleine Nöck quengelte und schrie so sehr, auch weil er sein Element, das Wasser, entbehren musste, dass der Adler nicht unbedingt ein Einsehen hatte, aber den kleinen hässlichen Kerl wieder loswerden wollte. Er flog bis zum nicht weit gelegenen Springe, wobei er noch den Deister überqueren musste, warum, weiß der Chronist nicht zu sagen, und ließ den kleinen Kerl direkt über unserer Regentonne fallen. Es machte einen mittelheftigen Platsch, der aber im allgemeinen Gebrumm von Rasenmähern, dem Rauschen der nahen Bundesstraße und dem nie enden wollenden Hundegebell unterging.

Hier war er also: Der kleine Nöck, Arthur mit Namen, seine Freunde nannten ihn Atze, und saß nun im Regenfass fest. Seine Mutter, die Nixe Gwendoline, vermisste ihn wahrscheinlich schon. Sein Vater, der Wassermann, war schon vor langer

Zeit unbekannt verzogen. Obwohl Arthur schon mehrere hundert Jahre alt war, war er doch noch ein Junge, in Menschenjahren noch keine sechs. Arthur hatte Hunger. Er öffnete sein Mäulchen mit den niedlichen, grünen Fischzähnchen, bekam aber nur ein paar winzige Mückenlarven zu fassen, die an der Wasseroberfläche zappelten und auf ihren ersten Flugtag warteten. Wasser war ja schon mal gut, aber zu wenig davon da. Was sollte nur aus dem Nöck werden? Die Tonne verlassen, ging nicht. Wassergeister sterben, wenn sie sich zu lange außerhalb ihres Elementes aufhalten. Also dableiben und Hungers sterben. Er malte sich schon die Schlagzeilen nach seinem Ableben in der *Neuen Deister-Zeitung* aus:

> *Seltsamer Kadaver in Regentonne gefunden! Experten vom Zoologischen Institut der Leibniz-Universität Hannover ratlos!*
> »Springe. Ein ungewöhnlicher Fund in der Regentonne einer angesehenen Springer Familie. Der Institutsleiter Professor Sigmund Callustus spricht von einem chimärischen Eigenschaftsgemisch. Die Obduktion des Springer Fundes ergab ein Mixtum compositum aus Säugetier, Reptil und Fisch. Der Kadaver kann noch keiner bekannten Lebensform zugeordnet werden.«

Arthur hatte eine ziemlich genaue Vorstellung von der Fantasielosigkeit deutscher Professoren. Arthur versuchte, seine negativen Gedanken einzufangen. Er suchte nach einem Ausweg. Was die wenigsten wissen: Wassergeister haben die Fähigkeit, willentlich in eine Art Hibernation, also Winterstarre, zu fallen, die über viele Jahre anhalten kann. Und so geschah es.

Da es in den vergangenen Wochen immer mal wieder geregnet hatte, gab es keinen Grund für irgendjemandem im Haus in die Regentonne zu schauen. Und so hatte Arthur seinen Stoffwechsel heruntergeregelt und verschlief viele Tage und Nächte. Eines Tages weckte er sich selber oder wurde geweckt – so genau weiß man das nicht – und hörte, wunderschön auf einem Piano gespielt, dessen Klänge aus einem geöffneten

Fenster drangen, die Regentropfen-Etüde von Frederic Chopin. Nun sind Tanz, Gesang und Musik die Freude der Nixen. Etwas knackte und rauschte im Leib des Nöck, etwas streckte sich, seine Lungen weiteten sich, er tat einen tiefen Atemzug, er stieg triefend aus seinem Wasserfass, er hatte altmodische Schnürstiefel und lange Stricksocken an, eine Popeline-Hose und eine beige Strickjacke. Arthur ging vorsichtig und steifbeinig auf einen herrlich duftenden, tief blauen Phlox zu und schnupperte ehrfürchtig an den Blüten. Er sah aus wie ein altes Kind und stand plötzlich auf dem Rasen in meinem Garten (und tauchte in einer anderen meiner vielen Geschichten auf).

Die magische Trompete

Am späten Abend sah der junge Mann in der Unterführung des Hauptbahnhofes, da, wo der Urin noch frisch war und Lachen auf dem schmutzigen Boden gebildet hatte, eine alte Trompete am Boden liegen. Der junge Mann hob sie auf und schaute sich das Instrument aus Messing an. Der Schalltrichter war zerknittert, die Röhren waren verbeult und verbogen, doch die Mechanik funktionierte noch. Vielleicht war der unglückliche Besitzer, zornig über seine eigene Talentlosigkeit, auf ihr herumgesprungen und hatte die Trompete zertrampelt. So sah sie jedenfalls aus. Ein Mundstück gab es nicht. Der junge Mann beschloss, sie aus keinem bestimmten Grund mit nach Hause zu nehmen.

Der junge Mann hatte die Trompete auf den Küchentisch gelegt, als er endlich um drei Uhr in der Frühe nach Hause gekommen war. Sein Vater, der Kommissar, entdeckte sie am Morgen, verbeult und angelaufen wie sie war. Er musste nicht zum Dienst, denn es war Sonntag, und er hatte Bereitschaftsdienst. Sein Vater, der Kommissar, besaß als Erinnerungsstück an seine Jugend ein Trompetenmundstück. Er hatte in der Nachkriegszeit in der Tanzkapelle »Die Weiße Fünf« Trompete gespielt. Nun steckte er das Mundstück auf das havarierte Instrument, drückte probehalber die Ventile und blies »Il Silencio« von Nini Rosso. Die Trompete hatte einen schönen Klang, und durch das geöffnete Fenster drang die getragene Melodie in die sonntägliche Morgenstille des kleinen Dorfs. Das Wetter meinte es gut. Die Sonne schien, und die Luft war klar. Wer in der Umgebung noch nicht wach gewesen war, war es jetzt.

Natürlich gab es in diesem Dorf, wie in jedem in Deutschland, eine freiwillige Feuerwehr. Und diese freiwillige Feuerwehr hatte natürlich eine Feuerwehrkapelle. Auch Friedrich Hüper, Mitglied in dieser Kapelle, war erwacht und hatte wie gebannt der live gespielten Solotrompete gelauscht. Er spielte erstes Flügelhorn. Nachdem er die Herkunft der Töne geortet hatte, ging es wie ein Lauffeuer durch das Örtchen: Der Kriminalkommissar, der in der Landeshauptstadt seinen Dienst tat, konnte Trompete spielen. Es dauerte nicht lange, und eine Abordnung des kleinen Blasorchesters stand in Uniform vor der Tür. Die Männer hatten ihre Dienstmützen abgenommen, drehten sie in ihren Händen und fragten, ob der Kommissar vielleicht in der hiesigen Feuerwehrkapelle mitspielen wolle.

Immer, wenn der Kommissar auf seiner Trompete mit der zweifelhaften Herkunft spielte, die er sich notdürftig hergerichtet hatte, änderte sich fast unmerklich das Licht, es roch etwas sonderbar wie nach Mottenkugeln und aus purpurnen Wölkchen erschienen eine schwarze Katze und ein goldener Vogel. Sie sprachen zu ihm, sie seien zwei verwunschene Prinzessinnen. Nur er könne sie durch sein Spiel auf dieser Trompete erlösen, indem er den »Hummelflug« korrekt und in einer Zeit unter einer Minute spielte. Der Kommissar war ein Freund der Frauen, und so übte er, wann immer es möglich war, die Komposition von Nikolai Rimski-Korsakow aus der Oper »Das Märchen vom Zaren Saltan«. Sie war in Anwesenheit des Zaren Nikolaus II. am 3. November 1900 an der Solodownikow Privatoper in Moskau uraufgeführt worden. Und eben die verbeulte Trompete, die von dem bekannten Petersburger Instrumentenbauer und Trompetenmacher Alexander Wassilowitsch geschaffen worden war und die Uraufführung von Rimski-Korsakows Oper mitgemacht hatte, war über mehrere Generationen von Trompetenspielern schließlich in den Besitz des Kommissars gekommen. Der Trompeter der Uraufführung hatte sich an entscheidender Stelle verspielt und aus nicht mehr zu ermittelnden Gründen war der hochmusikalische Zar Nikolaus so erzürnt gewesen, dass seine Kaumuskeln schwer arbeiteten und er in seinem Zorn den Hofmagier rief, der in seinem Übereifer zwei anwesende

Damen des Hofes versehentlich in eine schwarze Katze und einen goldenen Vogel verwandelte. Und so erschienen die beiden immer, wenn jemand auf der Trompete spielte. Ihr letzter Besitzer, der die Trompete in Amsterdam auf dem Flohmarkt gekauft hatte, hatte sich mit der Aufgabe, die die verwunschenen Prinzessinnen vortrugen, irgendwann überfordert gefühlt. Er hatte das Instrument zu Boden geworfen und war in einem Anflug von heißem Zorn auf ihr herumgesprungen, wobei er sich auch noch den linken Knöchel verstaucht hatte. Schließlich war sie im Hauptbahnhof liegengeblieben. So erzählten Katze und Vogel.

Der Dirigent der Feuerwehrkapelle hatte den Kommissar schließlich davon überzeugen können, in dem kleinen Blasorchester mitzuspielen. Das war nicht allzu schwer, denn der Kommissar war schon ein bisschen geschmeichelt, dass er gefragt worden war und er liebte es auch, im Rampenlicht zu stehen und wenn es nur die Bühne des Dorfkrugs war. Und er hatte eine funkelnagelneue Trompete zur Verfügung gestellt bekommen. So ging der Kommissar jeden Donnerstag zum Üben in den Saal des nahegelegenen Dorfkrugs, um mit den Kameraden flotte Märsche, Schlager und arg vereinfachte Arrangements von Glenn-Miller-Stücken zu spielen. Anschließend wurden immer Biere und Schnäpse getrunken, was dem musikalischen Kriminalisten *auch* entgegenkam.

Nicht vergessen war die flehentliche Bitte des goldenen Vogels und der schwarzen Katze, den »Hummelflug« perfekt zu spielen, um sie von ihrem Zauber zu befreien und sei es nur, dass sie in Ruhe sterben konnten. So übte der Kommissar und übte. Er hatte schon seine ganze Umgebung mit den chromatisch angeordneten Sechzehntelnoten, wobei die Viertelnoten in 180 Schlägen pro Minute gespielt werden mussten, terrorisiert und gegen sich aufgebracht: Seine Frau Brigitte, seinen Sohn, seine kleine Tochter und die übrigen Hausbewohner. Nun übte er im Keller und hatte auf den zerknitterten Trompetentrichter einen Schalldämpfer montiert. Aber so sehr er sich auch anstrengte, seiner Flatterzunge gelang es nicht, die hochvirtuose Komposition nur annähernd korrekt wiederzugeben. Entweder klang es zu breiig, oder er schaffte die vorgeschriebene Geschwindigkeit nicht. Nach einer unendlichen Reihe von Versuchen gab er auf und verstaute die Trompete im Kleiderschrank hinter den Pullovern und vergaß sie. So gingen die Jahre ins Land, und niemand dachte mehr an die verbeulte, bejahrte Trompete. Nur als der alte, pensionierte Kommissar schließlich starb, hörte man gedämpfte, klagende Trompetentöne aus dem Kleiderschrank, die um zweierlei trauerten, den Kommissar und die unerlösten russischen Prinzessinnen Svetlana und Anastasia.

Das alte Kind

Plötzlich stand das alte Kind in unserem Garten. Einen Augenblick vorher war nichts an dem Ort, wo es auftauchte. Das erste, was mir an ihm auffiel, waren die altmodischen braunen Schnürstiefel, die bis über die Knöchel gingen, und über der Doppelschleife begannen graue, grob gestrickte Wollstrümpfe, die bis in die Kniekehlen reichten. Hosenbeine aus Popeline reichten bis kurz über die mageren Knie, so dass ein zwei Zentimeter breiter, brauner Streifen der Oberschenkel zu sehen war. Eine beigefarbene Strickjacke über der Hose lag eng an dem schmalen Brustkorb, und am Hals schaute ein spitzer Hemdkragen aus der Jacke. Es war ein Junge. Ein schmales, blasses Gesichtchen über dem Kragen, eine schmale, ernste Nase, dunkle Augen, von denen nicht zu sagen war, welche Farbe sie hatten. Die Arme hingen seitlich am Körper, es ging etwas Melancholisches von dem alten Kind aus. Das Alter des Jungen schätzte ich auf acht Jahre. Ich fragte ihn: »Wo kommst du denn her?« Außer einem Zucken der dünnen Lippen gab es keine Reaktion. Wie heißt du? Nichts. Ich wusste nicht recht, was ich mit dem Kind anfangen sollte. Es hob den dünnen Arm. Mit dem ausgestreckten Zeigefinger zeigte es erst auf den geöffneten Mund, dann auf seinen Magen. Es schien Hunger zu haben. Ich ging auf den Jungen zu, wollte ihn an der Hand fassen; das ließ er nicht zu. Ich ging über die Terrasse ins Haus und bedeutete dem alten Kind, mir zu folgen, was es auch tat. Wir gingen in die Küche. Behutsam setzte es die Füße und machte kleine vorsichtige Schritte. Ich bot ihm einen Stuhl an unserem Küchentisch an und holte Brot aus dem Küchenschrank, schnitt zwei Scheiben vom Gersterbrot ab, holte Butter, Leberwurst und Käse aus dem Kühlschrank und stellte alles vor dem Jungen auf den Tisch. Er beobachtete mich mit ernsten, aufmerksamen Augen. Ich holte ein Glas hervor und ein Tetrapak Apfelsaft, schließlich ein Messer. Ich überlegte, ob ich ihm ein Brot schmieren oder ob ich schauen sollte, wie er damit zurechtkam. Ich dachte schon, dass ein Junge seines Alters, wenn meine Vermutung denn zutraf, selber ein Brot schmieren konnte. Er griff schließlich zum Messer, machte eine schnelle, waagerechte Bewegung damit vor seiner Kehle und begann dann, sehr sorgfältig Butter auf seiner Brotscheibe zu verstreichen, so dass nach einiger Zeit überall eine gleichmäßig dünne Schicht Butter verteilt war. Die Leberwurst im Darm schob er mit angeekeltem Blick zur Seite. Er griff zum Gouda, schnitt sich mehrere makellose Scheiben ab und legte sie auf sein Butterbrot. Mit großem Appetit, fast gierig, biss er in seine Stulle und kaute mit sichtlichem Behagen. Ich dachtc, cr solle noch etwas Frisches zu seinem Käsebrot haben und holte eine Tomate aus meiner Schüssel, die für Früchte, Knoblauchknollen aber auch Tomaten vorgesehen war und legte sie ihm auf seinen Teller. Mit fettigen Fingerspitzen hob er sie an, hielt sie in Augenhöhe und untersuchte sie mit hoch konzentriertem Blick. Rot und nahezu kugelförmig, am unteren Ende ein kleiner Krater, wo die alten Kelchblätter gesessen hatten. Er war fasziniert. Pfeffermühle und Salzstreuer ignorierte er. Er rollte die Tomate über den Tisch. Ich hielt die Hand etwas unterhalb der Tischplatte und fing die Frucht auf. Ich nahm die Tomate, dann das Messer und zerteilte sie in Viertel. Eins davon aß ich. Der Junge sah mich erstaunt an, tat es mir aber dann nach und aß ein bisschen schmatzend die restliche Tomate auf. Ich goss meinem Gast ein Glas Apfelsaft ein, das er in einem Zug leerte. Nachdem er die zwei abgeschnittenen Scheiben Brot gegessen hatte, machte er dieselben Gesten, die er schon im Garten gemacht hatte. Nachdem er das halbe Gersterbrot gegessen und den Tetrapak ausgetrunken hatte, schien er fürs erste gesättigt. Er blieb auf seinem Stuhl sitzen und sah mich unverwandt an. Es war dunkel geworden, und ich hatte keine Ahnung, was ich mit ihm anfangen sollte. Ich beschloss, dass er bei mir übernachten sollte. Ich hatte ein kleines Gästezimmer, in dem ein Bett und ein Schrank standen. Ich zeigte ihm das Zimmer, nachdem ich ihm zu verstehen gegeben hatte, dass er mir folgen sollte. Ich deutete auf das Bett, legte die Hände katholisch aneinander und hielt sie dann an eine Wange. Sofort war ihm anzusehen, dass das Angebot gar nichts für ihn war. Er rannte los zur Terrassentür, zerrte daran, ohne sie öffnen zu können und sah mich verzweifelt an. Ich machte die Tür auf und das alte Kind verschwand in meinem dunklen Garten. Ich trat hinaus, ich rief, aber es gab keine Anzeichen, wo der Junge abgeblieben sein konnte. Etwas beunruhigt machte ich meine Abendtoilette und ging ins Bett. Der Tag hatte mich angestrengt und nach ein paar verwaschenen Gedanken an das Kind schlief ich ein. Am nächsten Morgen wurde ich durch ein drängendes Klopfen geweckt. Nachdem ich mich orientiert und auf den Wecker geguckt hatte, wusste ich, woher der Lärm kam. Das alte Kind klopfte an die Terrassentür. Es war früh, halb sieben. Wir frühstückten zusammen. Kein Wort von meinem Gast, nur viel Kauen und genüssliches Essen. Nach dem Frühstück wandte ich mich meiner gewohnten Zeitungslektüre zu und schaltete das Radio ein. Deutschlandfunk. Radio hören fand der Junge gut. Konzentriert hatte er den Kopf dem Apparat zugewandt. Musik fand er besser als Wortbeiträge, wie ich bei meinem unauffälligen Schielen über den Zeitungsrand feststellte. Der zarte Körper und das schmale Köpfchen bewegten sich im Takt der Musik. – Mein Gast müffelte. Ich überlegte, wie ich ihn von Körperhygiene überzeugen konnte. Ich verschob meinen Plan aber. Ich konnte mich an seine heftigen Abwehrreaktionen von gestern Abend erinnern, als ich ihm das Gästebett angeboten hatte. Ich ging hinaus in den Garten, der Junge hinter mir her. Er hatte sich eine Plastikplane unters Gesträuch am Grundstücksende gespannt und sich ein Lager aus Blättern bereitet. Dort also hatte er die Nacht verbracht. Das würde er auch zukünftig tun und ich sah keinen Grund, ihn davon abzuhalten.

Wir hatten jetzt schon einige Tage miteinander verbracht. Das alte Kind hatte immer noch nichts mit mir gesprochen. Wir aßen regelmäßig zusammen, es blieb stumm. Wir hörten häufig Musik aus meiner CD-Sammlung. Einmal hörten wir Peer Gynt von Edward Grieg. Das alte Kind war bei Ases Tod besonders berührt. Tränen schimmerten in seinen geheimnisvollen, dunklen Augen, so dass ich es fortan Peer nannte. Wenn sich der Junge unbeobachtet fühlte, tat er etwas total Ungewöhnliches. Er übte, sich aufzulösen. Mal verschwand eines seiner dünnen Ärmchen, mal war nur noch der halbe Kopf zu sehen, mal war der mittlere Teil seines Körpers verschwunden. Peer sprach immer noch nichts, aber er konnte verblüffend gut zeichnen. Einmal zeigte er mir eine Zeichnung, auf der er und eine Wand zu sehen waren, in der er halb verschwunden war.

Die gestromte junge Katze aus der Nachbarschaft liebte ihn. Sie genoss sein Streicheln und folgte ihm ständig mit in den Himmel gerecktem Schwanz und zeigte ihre rosige Katzenrosette.

Einmal stand ich an der Supermarktkasse, vor mir zwei Frauen aus meiner Nachbarschaft. Sie hatten mich nicht gesehen. Ich hörte Gesprächsfetzen. »Neffe aus Hamburg, so, so.« »Ich sage dir, Pädophilie!« Ich fragte mich, ob ich mich in ihr Gespräch einmischen sollte, aber es verstummte von ganz allein, als sie mich sahen und sich dann ganz abrupt »Schönen Tag, noch!« wünschten.

In der Nacht hatte sich ein heftiges Sommergewitter gebildet. Ich stand am geöffneten Fenster. Der Regen trommelte auf die Ziegel der Gaube, die Luft vibrierte vom Krachen der einschlagenden Blitze. Ich liebe die Geräusche, die dem eigentlichen Donner vorangehen. Das Bersten, Knacken, Knattern, Knistern. Als kleiner Junge hatte ich mich vor Gewitter immer sehr gefürchtet. Die Blitze warfen meine mächtige Silhouette auf die Wand. Ich meine auch, Peers Schatten im Garten gesehen zu haben. Am nächsten Morgen war er verschwunden und blieb es auch. Ich hatte mich so an es gewöhnt, das alte Kind.

Der freundliche Riese

Ganz oben, sehr zurückgezogen, gleich unterhalb des Deisterkammes, lebt der freundliche Riese. Er haust in einer geräumigen Felsenhöhle, deren Eingang er immer sehr sorgfältig tarnt, wenn er ausgeht, um Wildschweine am Schinken zu zwicken oder Wanderer und Mountainbiker zu erschrecken. Er ist fünf Klafter hoch und wiegt dreizehn Doppelzentner. In letzter Zeit hat er etwas zugelegt. Das liegt an der Angst der Menschen, die rund um den Deister wohnen und von deren Angst er lebt. Angst vor der Zukunft, Angst um den Euro, Angst um den Partner und um die Kinder, Angst vor der Angst. Die Angst wird mit dem Wind die Hänge herauf geweht, und der Riese ernährt sich von ihr. Er nimmt sie über seine gewaltige Körperoberfläche osmotisch auf, denn meistens, wenn es die Witterung zulässt, bewegt er sich mit freiem Oberkörper durch den für ihn eigentlich zu kleinen Wald. Wenn man die Klitschko-Brüder aufeinanderstellte und dann noch mit drei malnähme, hätte man einen Eindruck von der Größe des Riesen. Aber nur die wenigsten haben ihn je gesehen und denen schenkt man wenig Glauben. Sein rundes Haupt ist bedeckt von semmelblondem Haar, das golden in der Morgensonne leuchtet. Er hat ein freundliches Gesicht, und Kinn und Wangen sind von einem mächtigen Seemannsbart bedeckt, den ihm die Deistertrolle regelmäßig kurz scheren und ihre Kissen und Betten damit füllen. Dann ist auch sein krauses Brusthaar fällig. Der freundliche Riese legt sich für die Prozedur auf den Rücken und genießt das Kribbeln und Krabbeln der emsigen kleinen Kerle.

Stets trägt er ein Lächeln im Gesicht und in alten Zeiten half er den Forstgesellen und deren schwer arbeitenden Rückepferden, ohne dass sie es bemerkten. Oft erledigte sich die Fron wie von Zauberhand und die Holzknechte murmelten dann ehrfurchtsvoll: Das muss wohl Sigmar, der freundliche Riese gewesen sein. Mit Rübezahl, seinem übellaunigen weitläufigen Verwandten aus dem Riesengebirge hat er charakterlich nur wenig zu tun. Ursprünglich hatten die Bergleute, die im Deister Kohlegruben unterhielten, nur Spott für die Holzknechte. Doch manch wundersame Rettung aus Bergnot ging auf das Konto des freundlichen Riesen, der Schächte vorm Einstürzen bewahrte und Kinder, die sich verlaufen hatten, auf den rechten Weg zurückführte.

Wenn er lacht, und das tut er oft, grollt es wie dunkler Donner durch den dichten Wald, und es gibt an jedem Baumstamm ein Echo. Sein Schritt lässt den Waldboden erbeben, so dass das Reisig immer ein wenig emporgeschleudert wird. Den alten Mütterchen lüpfte er früher heimlich die Reisigbündel, damit sie es nicht so schwer hatten beim Tragen, denn er konnte auch leise ein, wenn er wollte. Die Vögel des Waldes mögen ihn und singen immer besonders innig, wenn sie seiner gewahr werden.

Er hat Fäuste wie Basketbälle, was sag' ich, wie Medizinbälle, und kann Bäume samt Wurzelwerk aus dem Waldboden ziehen, wenn er übermütig ist und sich einen Spaß machen will. Er kann auch Felsbrocken mehrere hannoversche Meilen weit werfen. Dann pfeift die Luft, und die Leute sagen: Sigmar übt wieder Weitwurf. Nicht in böser Absicht, er will nur spielen.

Manchmal, bei sehr schlechtem Wetter, trägt er ein wasserabweisendes Gewand aus Buchenrinde. Er hat einen Wanderstab, den er sich aus einem Fichtenstamm schnitzt, der ihm aber leicht zerbricht wie unser einem ein hölzerner Zahnstocher. Wenn er in seltenen Fällen ein bisschen schlechte Laune hat, steckt er Bikern Äste zwischen die Speichen der sich drehenden Räder, die für ihn aussehen wie rotierende Swastiken, nein, nicht Spastiker, wie das Schreibprogramm meint. Wanderern zieht er auch mal das Schuhband auf und kann sich darüber fast geräuschlos schlapp lachen, so dass es sich anhört, als ob der Wind in den Baumkronen saust.

Seine Eltern waren normalwüchsige Springer, die Sigmar, den Riesen, unter allerdings merkwürdigen Bedingungen gezeugt hatten. Fritz und Dorchen hatten ihn während Not und Krieg bekommen, die fast das gesamte Denken und Fühlen der Menschen eingenommen hatten. Sie hatten ihn als kleinen Jungen unter Tränen im Wald ausgesetzt. Gab es schlimme Zeiten, so war die Angst groß vor Hungersnot, Überschwemmungen, Atomkrieg, Terrorismus, 11. September, Al Qaida. Eigentlich war die Angst immer groß, so dass der freundliche Riese stets groß und gut genährt war.

Ob er noch lebt? Ich weiß es nicht. Doch man hört immer wieder von Wanderern, denen das Schuhband aufgeht oder von vom Rad fallenden Bikern. Das kann eigentlich nur Sigmar, der freundliche Riese gewesen sein.

Käfer im Baum

Jeder kennt sie. VW-Käfer auf dem Dach eines Autohauses. Oder halbe Käfer, die aus einer Wand herauszuschießen scheinen, wenn sie von vorne zu sehen sind, umgeben von gemalten, auseinanderspritzenden Ziegelsteinen. Oder halbe Käfer von hinten, die in einer Wand verschwinden. Von einem Käfer handelt auch die folgende Geschichte.

Vor ziemlich genau dreißig Jahren hatte ich meinen letzten gebrauchten VW-Käfer – ich hatte mehrere von ihnen – wohl über einem Schössling, also einem kleinen Baum, abgestellt. Genauer gesagt, über einer kleinen Moorbirke. Neulich erinnerte ich mich an mein studentisches Fahrzeug und suchte den Ort auf, an dem ich es abgestellt hatte. Wie war ich überrascht, als ich mein Auto in zwanzig Meter Höhe in der Baumkrone sah und eher von unten gegen die Bodengruppe und die Räder schaute. Von der Karosserie waren einiger Rost und ein bisschen himmelblauer Lack zu sehen. Die Moorbirke wächst im Jahr zwischen fünfzig und achtzig Zentimeter.

Ich überlegte. Ich hatte mein ganzes Schlüsselbund für den Käfer dabei. Für das Türschloss, für die Zündung und für die – Luxus – abschließbare Motorhaube. Hatte mein Herbie – wer erinnert sich noch an die Filme »Ein toller Käfer« von 1968 bis »Ein toller Käfer startet durch« von 2005? – die letzten dreißig Jahre, allein gelassen von mir, auf einem Baum, Wind und Wetter getrotzt und war womöglich noch fahrbereit? Nur, wie sollte ich das herausfinden? Der Film-Herbie hatte eine eigene Persönlichkeit, er konnte selbst fahren, sogar Wände hoch und wieder herunter. Meiner konnte das nicht. Und heute arbeitet die Automobilindustrie an Fahrzeugen, die sich selbstständig im Straßenverkehr ohne Fahrer bewegen können. Bei meinem

Käfer, der keinen Namen hatte, war es besser, im Winter, bei Minusgraden, jeden Abend die Batterie auszubauen und mit in die Wohnung zu nehmen und sie morgens wieder unter der Rückbank einzubauen. Ich vermutete, dass zumindest die Batterie bei meinem Käfer in der Baumkrone wohl nicht mehr funktionstüchtig wäre. Und man müsste wahrscheinlich den Luftdruck in den Reifen prüfen. Aber sonst?!

Und während ich so nachdachte, wie es weitergehen könnte, und dem Wispern der Birke zuhörte, wenn ein zarter Windstoß durch ihre Blätter fuhr, kam ein Rappe, Mähne, Schweif und Fell rabenschwarz, von der nahegelegenen Koppel auf mich zu. Ich hatte meinen Käfer damals, vor über dreißig Jahren, etwas abseits von Bissendorf abgestellt. Er sagte zu mir: »Ich bin ein Dschinn und augenblicklich in Pferdegestalt. Eigentlich bestehe ich aus reinem Feuer ohne Rauch, und ich kann dir drei Wünsche erfüllen. Sonst mache ich das nur, wenn mich ein Mensch aus einer Flasche befreit. Aber heute habe ich gute Laune und möchte dir etwas Gutes tun. Und du siehst sympathisch aus.« Er hatte einen leichten arabischen Akzent und war vielleicht ein Flüchtling aus Seehofers Kontingentsforderung. Ich war einigermaßen überrascht, besonders auch durch die Konfrontation mit der Möglichkeit, mir drei Dinge zu wünschen. Man kann sich leicht vertun, also leicht verwünschen. Es gibt Märchen, die das belegen. Was war naheliegender, mir zu wünschen, dass der Dschinn – wie hieß er eigentlich? – mir meinen Käfer vom Baum holte.

Ein Nachbar hatte mir einmal, als unsere schwarze Katze noch jung war, seine lange Leiter geborgt, und ich war mit zittrigen Knien in die wahrscheinlich zehn Meter hohe Krone eines Birnbaums gestiegen, um das kläglich miauende Kätzchen wieder herunterzuholen. Wie das hier gehen sollte, war mir unklar.

»Ich habe mich noch nicht vorgestellt«, sagte der Dschinn. »Ich bin der große Zumurrud aus einem der ältesten Dschinn-Geschlechter. Zumurrud ist arabisch und bedeutet »Smaragd«. Einige aus meiner Familie führen uns sogar auf Luzifer, den gefallenen Engel zurück.« Er ruckte mit dem schönen großen, schwarz glänzenden Pferdekopf. »Normalerweise ist unsere Welt durch einen Schleier von der euren getrennt. – Und du schreibst kleine Fantasiegeschichten und dein Schönstes ist es, sie anderen vorzulesen.« Er war gut informiert. »Was hältst du davon, wenn du in Erfüllung meines ersten Wunsches mein altes Auto von diesem Baum holst«, sagte ich zu Zumurrud und deutete mit dem Zeigefinger nach oben auf den verwitterten VW in der Baumkrone der Moorbirke. »Nichts einfacher als das!« erwiderte der Dschinn mit leicht ironisch klingender Stimme. Zumurrud lächelte. Das schwarze Pferd zerfloss in einer Wolke aus Purpurrot. Das Purpur strömte und dehnte sich aus, es stieg in die Höhe und bildete aus sich heraus eine rote Riesenfaust, die sich hoch über mir öffnete. Fünf oder sechs Meter lange, kräftige Zeige-, Mittel-, Ring- und ein kleiner Finger und ein wuchtiger Daumen umschlossen meinen himmelblauen Käfer und rissen ungestüm an ihm, linke und rechte Seite umfassend. Es krachte und knackte im Baum, größere Äste fuhren in die Höhe. Kleinere Zweige und Blätter spritzten und stoben auseinander und regneten zu Boden. Die purpurne Geisterhand zerrte und zurrte am Auto, bis der Baum endlich aufgab und es quietschend, seufzend und schleifend freigab, während sich die Sonne mehrere Augenblicke lang verdunkelte. Ich war wie gelähmt. Niemand würde mir glauben, und doch hatte ich es mit eigenen Augen gesehen. Die Faust fuhr mit ihrem Inhalt nieder und setzte das Auto krachend auf dem überforderten Heideboden ab. Eine Schar kleinerer Vögel flatterte entsetzt auf und eine Krähengruppe schlug heftig Alarm.

Nun ja, mein Auto sah schon ein bisschen traurig aus. Die Reifen waren platt, die charakteristischen Kotflügel waren rostig und löchrig, das Dach hatte teilweise sein Himmelblau eingebüßt und die weiße Grundierung schlug durch. Die Scheiben hatten einen Algenüberzug in mattem Mittelgrün. Ich zerrte an der Beifahrertür, die sich schließlich ächzend, wie das Schlosstor in »Dornröschen«, öffnen ließ. Auf der Rückbank lagen eine vergilbte »Konkret«, *das* linke Magazin damals, Herausgeber Hermann L. Gremliza, eine »Emma« und eine »Courage«, die alle drei die Jahre zwar wellig und ausgeblichen, aber passabel überstanden hatten. Im Handschuhfach fand ich eine angebrochene Schachtel »Ernte 23« und eine seit dreißig Jahren abgelaufene Packung Präservative. Am Boden lagen leere Verpackungen von Schokoriegeln, die es heute gar nicht mehr gibt. Im Fußraum vor der Rückbank lag ein angebrochener Sixpack Lindener Bier. Das sah mir jetzt wie eine Reise in meine persönliche Vergangenheit aus. Ich überlegte. Der Dschinn hatte wieder seine Pferdegestalt angenommen, unspektakulär, wie es schien, oder ich war abgelenkt durch meine Wiederbegegnung mit meinem alten Auto. Drei Wünsche – drei Wünsche, ging es mir gebetsmühlenartig durch den Kopf.

Okay! Mein zweiter Wunsch sollte sein, dass der Dschinn meinen Käfer fahrbereit und TÜV fertig machen sollte. Ich wandte mich um und schaute in das kluge Pferdegesicht. Zumurrud zeigte die gelben, großen Zähne und sprach wie selbstverständlich: »Ich hatte es erwartet!« Wieder ging eine magische Verwandlung an ihm vor. Doch dieses Mal verwandelte er sich in eine smaragdgrüne Aktivitätswolke um mein Auto, so dass man es gar nicht mehr sehen konnte. Es surrte und summte und zischte. Von Zeit zu Zeit sah man Funken sprühen, dann roch es nach Lack und Benzin. Wieder und wieder waren nie vernommene Geräusche zu hören. Nach vielleicht drei Minuten lichtete sich die grüne Wolke, und mein himmelblauer VW-Käfer stand vor mir wie gerade vom Band in Wolfsburg gelaufen. Die Sonne spiegelte sich im Lack, die Reifen prall und schwarz wie Lakritze. Die Scheiben glänzten, die gültigen Kennzeichen mit dem großen H für »historisches Fahrzeug« versehen. Auf der Rückbank lagen säuberlich geordnet die vormals im Fahrzeug verstreuten Gegenstände. »Meine Güte, Zumurrud, danke«, entfuhr es mir, und er lächelte zufrieden: »Persönliche Bestzeit!« »Meinen dritten Wunsch teile ich dir ein anderes Mal mit«, sagte ich zu ihm. »Gib mir deine E-Mail-Adresse!« Ich hatte mich auf den

Fahrersitz gesetzt, die Scheibe heruntergekurbelt, rief noch einmal Dankesworte, ließ den Motor an, der erfreut auf typische, luftgekühlte VW-Käferart schnatterte, legte den ersten Gang ein und fuhr davon. Zumurrud hob und senkte grüßend das Pferdehaupt und schleuderte den Schweif.

Noch heute wird in interessierten Kreisen darüber diskutiert, ob es sich um eine wahre Geschichte oder um Erfindung handelt.

Die Höhle des Dschinns

Zumurrud saß in seiner riesigen Höhle mit Bergen von funkelnden Edelsteinen in allen Spektralfarben und langweilte sich. Er war ein Dschinn und konnte sich, wie alle Dschinn, in was auch immer verwandeln. Die Dschinn leben unter den Menschen; die können aber die Wesen aus Feuer und Rauch nicht wahrnehmen, es sei denn, die Dschinn wollen sich durch einen Riss im Vorhang zwischen den Welten offenbaren. In der Vergangenheit hatte er die Gestalt verschiedener Tiere angenommen, zuletzt die eines Rappen. Das hatte ihm viel Freude bereitet, und er hatte dabei einen etwas seltsamen Mann kennengelernt, der sein altes Auto aus einem Baum heruntergeholt haben wollte. Der Bursche hatte ihm, dem mächtigen, wenn nicht dem mächtigsten aller Dschinn, seine E-Mail-Adresse gegeben und Zumurrud zugerufen, dass er sich seinen dritten und letzten Wunsch aufheben wolle, bevor er, dankbar aus der heruntergekurbelten Seitenscheibe winkend, mit seinem alten VW-Käfer davongefahren war. Zumurrud befand sich momentan in seiner eigentlichen Gestalt von bläulich über gelb und rot changierenden Flammen in Form eines hochgewachsenen Wacholderbusches, der ein bisschen dem biblischen brennenden Dornbusch ähnelte. Etwas abseits im Felsengewölbe warteten seine dienstbaren Geister, die auf ein Zucken seiner feurigen Augenbrauen seine wie auch immer gearteten Wünsche erfüllten. Wir wissen, dass Dschins auch sexuell sehr aktiv sind und mit den Dschinniyas, also den weiblichen Dschinn, ein Liebesleben pflegen, das für Menschen unvorstellbar ist. Dschinniyas sind Schattenfrauen aus feuerlosem Rauch, die sich mit großer Freude mit den Dschinn vereinen, die ihrerseits aus rauchlosem Feuer bestehen. Moralische Vorstellungen, wie sie Menschen pflegen, behindern die Dschinn nicht in ihren Aktivitäten. Zumurrud, dem ja fad war, klatschte in die Flammenhände, und es erschien das entzückendste Wesen, schlank und biegsam wie eine Gerte, mit weiblichsten Formen, was allerdings nur im Schattenriss zu sehen war, wie im schwarzen Ganzkörperbikini. Es war Djamila, was die Schöne bedeutet. Sie eilte auf den großen Zumurrud zu. Was nun geschah, ist fast unmöglich zu schildern. Große Rauchentwicklung, flammendes Brausen, leckende Flämmchen, enorme Protuberanzen, also heftige Materieströme, und alles in überirdisch schönen Farben, in glühendem Rot und warmem Gelb, ohne penetrant zu wirken, und immer wieder von schwarzen Schleiern und netzartigen Strukturen durchbrochen und durchwoben. Ein wogendes Schauspiel, das sich über viele Stunden hinzog und die beiden Wesen in vollkommener Harmonie zeigte.

Der Widerschein des schönen Paares aus Rauch und Feuer spiegelte sich auf den facettierten, glänzenden Oberflächen der Granate, Saphire, Achate, Rubine, Türkise, Smaragde, Diamanten, Lapislazuli und Topase, die den Schatz des großen Zumurrud bildeten und die auf dem Höhlenboden aufgehäuft waren.

Deren Reflexionen wiederum flirrten über die Höhlenwände, es blitzte und glitzerte so sehr, dass menschliche Augen daran erblindet wären. »Come on, baby, light my fire!«, flüsterte Zumurrud seiner Geliebten ins feurige Ohr. Sie ließ ihre glühenden Fingerspitzen zart über seinen Flammenkörper gleiten, und beide ließen einen nicht zu dechiffrierenden Wohlgesang aus ihren Feuermündern tönen.

Eigentlich nicht ermattet, aber in höchstem Maße zufrieden, ließen die beiden endlich voneinander ab und sanken beglückt auf den feuerfesten Höhlenboden.

Neben seiner Flaschensammlung, den Gefängnissen vieler befreiter Dschinn, die der Mächtige ebenfalls in seiner Höhle aufbewahrte, stand sein Notebook neuester Bauart. Zumurrud musste beim Bedienen seines Computers immer ein bisschen vorsichtig sein, um das Gerät nicht durch zu große Hitze zu zerstören.

Dem Dschinn fiel der seltsame Mann ein, dem er das Auto aus einem Baum geholt hatte. Die Menschen mussten umständliche Blechgefährte benutzen, um ein bisschen schneller voranzukommen. Dschinn brauchten das nicht. Der seltsame Mann hatte noch einen Wunsch frei, entsann sich der große Zumurrud. Und der Mächtige hatte seine E-Mail-Adresse.

Ich kontrolliere regelmäßig den Posteingang meines E-Mail-Kontos. Vorgestern fand ich unter anderem eine Mail mit dem Absender »Der große Zumurrud. Da hieß es: »Ich, der große Zumurrud, fordere dich, Erdenwurm, ultimativ auf, deinen dritten Wunsch zu formulieren. Sonst wird er verfallen. Falls du, Erdenwurm, ihn vergessen haben solltest, ich habe ihn nicht vergessen. Und ich bin gehalten, zugesagte Wünsche auch zu erfüllen, denn meine Dschinn-Ehre verpflichtet mich dazu. Also nimm mit Hilfe dieses lächerlichen Internets Kontakt zu mir auf, um mir deinen dritten Wunsch mitzuteilen.

Es grüßt, gerade noch huldvoll, der vielleicht mächtigste Dschinn, Zumurrud«

Fassungslos saß ich vor meinem Laptop. Eine E-Mail aus der Welt der Geister. Ich hatte den Mächtigen durchaus kennengelernt. In Pferde- und anderer Gestalt. Er hatte meinen alten VW vom Baum geholt und ihn im Handumdrehen in ein verkehrstüchtiges Fahrzeug verwandelt. Nun also musste ich über meinen dritten Wunsch nachdenken. Verfallen lassen kam nicht in Frage. Im ersten Augenblick dachte ich daran, dass mir der Geist bei der eigenen Verjüngung und der Eroberung schöner Frauen behilflich sein könnte, so, wie sich Faust von Mephisto in der gleichnamigen Tragödie Goethes hatte helfen lassen. Dann aber appellierte ich an das Gute in mir, oder das Gute in mir appellierte an mich. Und ich sann hin und her. Endlich wusste ich, was ich mir wünschen sollte: Den Weltfrieden. Also schrieb ich: »Sehr mächtiger und verehrungswürdiger Zumurrud, nachdem ich lange über meinen dritten Wunsch nachgedacht habe, wünsche ich mir Nichtswürdigem nichts weniger als den *Weltfrieden*. Mit vorzüglicher Hochachtung, Johannes Gutbrod«

Mit einem Mausklick schickte ich meine elektronische Botschaft in die Höhle des mächtigen Zumurrud. Kaum hatte ich die linke Maustaste gedrückt, als es auch schon rauschte und brauste und unerträglich heiß wurde in meiner Studierstube. Ich wandte mich unter Schauern um: Da war er erschienen, der große Zumurrud, im Feuerkleid, in seiner ursprünglichen Gestalt. Er sengte den Teppich an, die Bücher im Regal fingen an zu glimmen, der Rauchmelder schlug Alarm. Der Dschinn sah sehr wütend aus. »Wie kannst du es wagen, einen solchen Wunsch zu äußern, Erdenwurm?« Schauerlich klang seine Stimme, tief, grausam, hohl, verzerrt und mit Hall, gewaltiger als es Hollywood-Tonstudios zu leisten imstande gewesen wären. »Eine Aufgabe, die nicht einmal der Allmächtige bewältigen kann«, grollte er. »Ich hätte nicht übel Lust, dich zu töten wegen deiner Frechheit!« Flammen loderten bis zur Zimmerdecke. Mein Puls raste, auf meiner Stirn bildeten sich kleine Schweißperlen. »Ich ziehe meinen Wunsch zurück«, krächzte ich überaus kleinlaut. Mein Mund war sehr trocken. »Okay, ich will bescheiden sein: Ich wünsche mir den Konzertflügel D 274 von Steinway & Sons.« »Gehe hinunter ins Wohnzimmer, er steht schon da«, fauchte der Geist und war innerhalb eines Wimpernschlages unter Hinterlassung von Brandgeruch verschwunden. Ich habe nie wieder etwas von ihm gehört.

Der Glüm

Ich schaue immer auf die Uhr, wenn ich nachts auf die Toilette gehen muss. Es war 1.47 Uhr. Ich hatte nach dem Aufstehen das Fenster geöffnet. Als ich zurückkam, saß in der Ecke der Dachschräge der Glüm. Er krächzte leise und sein weiß glänzendes Gefieder raschelte kaum hörbar. »Glüm, was machst du denn hier?« Ich war sehr überrascht, und doch kannte ich ihn schon seit meiner Kindheit. Er war damals zart, beinahe durchscheinend wie Butterbrotpapier. Gibt's das eigentlich noch? Weil ich einen guten Freund brauchte, hatte ich als Neunjähriger den Glüm so intensiv geträumt, dass er sich schließlich in der realen Welt materialisierte. Der Glüm saß in der Schule auf meinem Tisch, er half mir in der Mathearbeit, er schaute mir bei den Hausaufgaben über die Schulter. Er flog beim Radfahren einen Meter über mir und feuerte mich an. Und er war mit mir im Schwimmbad. Außer mir konnte niemand den Glüm sehen. Meine Mutter nicht, meine Freunde nicht und nicht meine Klassenkameraden. Der Glüm war so hoch wie ein Kinderrad, hatte einen orangefarbenen Schnabel und einen buschigen Schwanz. Er sprach nicht. Ich war gedanklich mit ihm verbunden. Ich wusste einfach, was er sagen wollte. Ich konnte ihn ganz klar hören. Glüm sprach wie Pittiplatsch vom DDR-Sandmännchen. Er begleitete mich von seinem ersten Auftauchen, oder nachdem ich ihn erschaffen hatte, bis in meine frühe Jugend. Von seiner Existenz wusste nur mein bester Freund Arno Rabenstein. Eines Tages war Glüm verschwunden und erschien mir nur noch selten mal im Traum.

Jetzt saß er leibhaftig in meinem Schlafzimmer und sah mich hilfesuchend an. Der Glüm war fett geworden, das Federkleid schütter, der Schnabel zeigte traurig nach unten, und er klapperte ständig mit seinen Nickhäuten. Was war nur aus ihm geworden? Hatte er ein Alkoholproblem? »Kennst du mich noch?« kam es bei mir per Gedankenübertragung an. Ich sagte etwas rau, denn mein Hals war während des Schlafens trocken geworden – ich hatte wieder geschnarcht – »Natürlich, Glüm«. »Mir geht's nicht gut, Harald!« »Das sieht man«, sagte ich. »Dem gesamten Verband der imaginierten und geträumten Kinderhilfstierwesen geht's nicht gut«, sagte Glüm unendlich traurig mit der Stimme von Pittiplatsch. »Hunderttausende sind dort organisiert. Die Kinder brauchen uns nicht mehr. Wir vegetieren in einem Zwischenreich dahin, wir langweilen uns. Line, Sophie-Marie, Ernst, Max und Charlene vergnügen sich mit Smartphones und haben wohlfeile Ablenkung«. Bei dem Wort Smartphones machte er eine wegwerfende Geste mit dem rechten Flügel. »Kaum ein Kind stellt sich ein neues Hilfstier vor oder übernimmt ein schon existierendes. Die Stimmung im Verband ist sehr schlecht. Wir Kinderhilfstierwesen wissen nicht mehr, was wir tun sollen.« An dieser Stelle endete mein Fantasievogel aus der Kindheit und sah mich verzweifelt an. »Wir sind Fossilien, Dinosaurier! Wir sterben aus!«

Der Glüm tat mir leid, und ich überlegte, wie ich ihm helfen könnte. Noch in der Nacht setzte ich mich auf meinen 125er Kymco People S, meinen treuen Roller, und fuhr gemächlich mit dem Glüm über meinem Kopf nach Wunstorf. Es ging nur langsam, denn der Glüm konnte nicht mehr so schnell fliegen. Der Scheinwerfer meines Rollers zerschnitt die Schwärze der Nacht. Wir fuhren nach Wunstorf, weil dort in einem riesigen Hangar, in dem früher die Transportflugzeuge der Bundesluftwaffe geparkt waren, Noratlas und Transall, die geträumten Kinderhelfer in Tiergestalt wohnten, eigentlich dahinvegetierten. Während unserer Nachtfahrt, nur wenige Autos waren auf der Straße, erklärte mir der Glüm, dass es verschiedene Gruppen von unsichtbaren Kinderhelfern gibt. Er sprach aber auch von Wesen, die Kinder erschreckten und ihnen Angst machten. Man munkelte, dass die sich unterirdisch aufhielten und niemand wisse, wo das sein könnte. Bei den Guten gab es die Gruppe der Resignierten, die extrem Traurigen, aber auch die Wütenden und die »Man-muss-was-tun-Fraktion«. Die Fraktionen hielten sich an unterschiedlichen Orten in der Flugzeughalle auf, sie träfen aber immer mal wieder aufeinander und trügen lautstark ihre Konflikte miteinander aus. Führende Imaginierte trügen sich mit dem Gedanken, Parteien zu gründen. Weil die Kinderhelfer keine körperlichen Bedürfnisse hätten, denn sie äßen und tränken nichts, hätten keine Verdauung und müssten selbstverständlich nicht atmen, wie er selbst, so stünde eigentlich die ganze Zeit zur Verfügung, über ihre ungewisse Zukunft nachzudenken und zu sprechen.

Endlich waren wir da. In der Dämmerung hockte ein riesiger, steinerner Kasten. Der alte Flugzeughangar. Ich stellte den Motor meines Kymco ab, löschte das Licht und hievte den Roller auf den Ständer. Geschützt von der Dunkelheit schlichen wir zum riesigen Tor des Hangars. Durch einen Spalt konnte ich Firlefanze, Fleckomane, Fridise, Mange, Nopse, Krokofanten und Quadrapile, aber auch ganz normale Tiere erblicken, Pferde, Hunde, Löwen, Adler: Wesen, die sich Kinder erdacht, erschaffen hatten, um ihren schweren Alltag zu meistern und um einen Freund bei sich zu haben. Manche sahen Furcht erregend aus wie Wasserspeier an gotischen Domen, manche waren wie Chimären aus Teilen verschiedener Tiere zusammengesetzt. Alles Wesen, die der wilden, menschlichen Fantasie entstammten. Alle hatten sie Namen bekommen von ihren Schöpfern, doch die Schöpfer waren alle erwachsen und die nachfolgende Kindergeneration hatte weder Interesse an schon geschaffenen noch an der Erfindung neuer Wesen.

Ratlos stand ich mit dem Glüm am Tor. Ich dachte nach. Um es kurz zu machen: Ich hielt die Rede meines Lebens. »Liebe Geschöpfe«, begann ich, »Macht den Anfang! Fliegt nach Hause zu euren Schöpfern! Begleitet sie in ihrem Alltag. Versöhnt euch mit ihnen. Seid ihnen Tröster und Ratgeber. Wer meint, Erwachsene bräuchten euch nicht, hat sich schon ins Unrecht gesetzt. Ihr seid wichtig! Niemandem nützt es, wenn ihr hier in dieser elenden Halle zusammenhockt und euch selber leidtut.

Alles wird gut. Am Ende wird alles gut. Und wenn es nicht gut ist, ist es noch nicht das Ende«. Die richtigen Worte flossen mir nur so aus dem Mund. Wie sich – wie am Ende eines großen Hollywoodfilms – unter Fanfarenklängen die Gedanken aller im Auditorium klären, wie sich durch einfache, aber alle erreichende Sätze die Aufmerksamkeit auf mich richtet, mich, mit schimmernd feuchten Augen, den Tränen nah; wie meine Zuhörer, so unterschiedlich sie sind, eines Sinnes werden und ahnungsvoll die Köpfe wenden, um eine fantastische Zukunft zu begrüßen. Die Wesen flüsterten, raschelten, raunten vieltausendstimmig, die Wahrheit erstaunt erahnend. Das riesige Tor öffnete sich langsam und majestätisch nach beiden Seiten zu Richard Strauß' »Also sprach Zarathustra«-Fanfare, die zu Beginn so genial mit kleiner und großer Terz spielt. Ein großer Aufbruch bahnte sich an. Geheimnisvoll gleißendes Licht strahlte aus dem Hintergrund der riesigen Halle und hunderttausende Geschöpfe drängten, flatterten, die Schwingen schlagend, die Hufe stiebend, hinaus. Sie breiteten die Flügel aus, als flögen sie nach Haus, die guten Geister. Die Nachtluft war erfüllt vom Rauschen der unermesslichen Schar, die sich aufmachte, ihre Schöpfer aufzusuchen und ihnen zur Seite zu stehen.

Ich erwachte mit pelzigem Geschmack im Mund und eingeschlafenem Genick. Was für ein Traum! Und der Glüm begleitet mich seither wieder alle Tage und ist mein bester und verständigster Ratgeber.

Modernes Leben

Der Diesel ist tot

Wir waren so stolz auf unseren neuen VW Golf 7 Sportsvan TDI mit Abgasnorm Euro 6. Nun sitzen wir traurig in unserem Auto, das schon lange reglos und ungefahren in unserem Carport steht. Das Wetter ist ein bisschen ungemütlich. Wir haben ausgelost, wer am Steuer sitzen darf. Es ist der 18. März 2018. Seit dem 1. Januar 2018 gibt es an deutschen Tankstellen keinen Dieselkraftstoff mehr zu kaufen. Nachdem ein Fahrverbot für Dieselfahrzeuge nur sehr begrenzt eingehalten wurde, kam es per 5. Änderung des Bundesgesetzes zur Luftreinhaltung, BuGezLuftr, zum Verbot des Verkaufs von Diesel. Auf dem Schwarzmarkt werden bis zu 120 Euro pro Liter verlangt. Man kann dann mit seinem dieselbetriebenen Wagen ein bisschen auf Feldwegen fahren; man darf sich aber nicht erwischen lassen. Manche Menschen haben ein Stofftuch, das sie in Diesel getaucht haben, und schnuppern zu besonderen Momenten daran. Es ist regnerisch, ziemlich frisch und die Forsythien lassen sich schon sehen. Meine Frau darf am Steuer unseres unbeweglichen Fahrzeugs sitzen. Wir haben das Navi auf Schnelldurchlauf gestellt und tuen so, als führen wir nach Leipzig. Meine Frau dreht am Lenkrad, und wir beide imitieren Dieselmotorgeräusche mit Stimme und aufeinandergepressten Lippen und lassen Atemluft durch sie hindurchströmen. Von Zeit zu Zeit kuppelt und schaltet meine Frau. Manchmal tritt sie aufs Bremspedal. Das leuchtet so schon, weil das Bremslicht an der hinteren Wand des Carports reflektiert wird. Wir erwägen den nachträglichen Einbau eines CD-Players, damit wir uns in Zukunft letzte Tonaufnahmen einer aussterbenden Antriebsart anhören können und die Fahrgeräusche nicht mehr mit dem Mund nachmachen müssen. Augenblicklich haben wir nur einen SD-Card-Slot. Des Weiteren möchten wir gern ein Whiteboard, das uns Fahrten durch den Schwarzwald, die Weltstadt Berlin oder ausgedehnte Autobahnfahrten mit gemütlichen Staus von mindestens einer halben Stunde simuliert. Auch müssen wir noch das Problem mit der sich entladenden Batterie in den Griff kriegen. Photovoltaik auf dem Dach ist schon angedacht. Wir genießen es sehr, von Zeit zu Zeit in unserem Auto zu sitzen und zumindest das Gefühl zu haben, ein wenig zu fahren. Ich würde mir noch Ruckelmotoren wünschen, die Fahrbahnunebenheiten simulieren, damit's noch mehr stimmt. »Das nächste Mal darf ich aber auf den Fahrersitz«, der korrekterweise ja Fahrerinnen- und Fahrersitz heißen müsste, sage ich noch zu meiner Frau. Dann kehren wir ins Haus zurück.

Julia

Jürgen hatte die Abfindung seines Arbeitgebers, einer großen IT-Firma, genommen, die ihr Personal verschlanken wollte. Und schon immer hatte er von einem großen Motorrad geträumt. Es sollte eine Harley sein. Das Motorengeräusch einer Harley Davidson ist unbeschreiblich. Es ist wie Musik. Schon beim Start seiner Maschine durchläuft Jürgen ein Schauer beim energischen Blubbern und Brummen seiner neuen Street Glide Special in der Farbe Legend Blue Denim mit einem Hubraum von 1745 Kubikzentimeter, einer Leistung von 89 PS bei 5450 Umdrehungen pro Minute, mit einem Verbrauch von 5,9 l/100 km. Sie war kein Schnäppchen. Fast dreißigtausend Euro hatte Jürgen beim Händler für sie bezahlt. Bevor er sich endgültig für den Kauf entschieden hatte, war in die Staaten geflogen und hatte sich in York, Pennsylvania, die große Fabrik mit ihren modernen Fertigungsstraßen angeschaut, die aber noch vom Pioniergeist umflort war. Nachdem er sich satt gesehen hatte, gab er in Deutschland seine feierliche Bestellung auf und wartete ungeduldig auf den Auslieferungstermin. Er hatte sich im Harley-Shop mit der passenden Montur ausstatten lassen, Fransenjacke, Halbschalenhelm, unvermeidliche Boots. Es hatte etwas von einer Hochzeit. Als er schließlich nach Hause fuhr, schmiegte sich sein lederbehoster Hintern in den Sattel, und er hatte das Gefühl, dass der Sattel zurückschmiegte. Die Stiefel noch vorn, die Spitzen in die Höhe, in den rauschenden Fahrtwind, die Arme halbhoch am Lenker. Die Fransen der Jacke flatterten im Wind wie die Reste seines Haupthaares, das er sich lang hatte wachsen lassen, und die lustig unter seinem Halbschalenhelm hervorschauten. Vor den Augen hatte Jürgen eine große Ray-Ban Sonnenbrille, in den Kopfhörern seiner Musikanlage – natürlich stilecht – »Born to be wild« von *Steppenwolf*. »Get your motor running, head out on the highway …« Er spürte die neidvollen Blicke vom Straßenrand, wenn er durch seine Kleinstadt cruiste. Er fuhr tiefenentspannt mit seinem Bike ins Weser Mountain Country, pardon, Weserbergland, um schöne Kurven zu fahren. Die Weser glitzerte, die Kastanien hatten ihre Blütenkerzen aufgesteckt. Er genoss seine Ausfahrten über die Maßen. Die Luftströmung zerrte an seinem welken Wangenfleisch und zauberte ihm ein diabolisches Grinsen ins Gesicht, wie er im Spiegel sehen konnte. Born to be wild. It's magic. Seinen etwas schütteren hippen Ziegenbart hatte er auf der Hälfte mit einem Gummiband geteilt. Gleich nach dem Kauf hatte er in einer kleinen Zeremonie in seinem Carport seiner Maschine den Namen Julia gegeben. Aber er beschriftete seine Motorradbraut nicht. Er hätte das als Entweihung empfunden. Den Namen seiner Harley schloss er ganz tief in seinem Herzen ein. Manchmal küsste er ihr Köpfchen, also den Scheinwerfer, oder liebkoste ihr Bäuchlein, den Tank. Einmal träumte er, er hätte seine Julia versehentlich mit Diesel statt mit Superbenzin betankt. Eine Katastrophe! Sie ließ sich zwar starten, doch nur kohlschwarze Wolken kamen aus ihrem Auspuff, dann erstarb das Brabbeln des Motors mit einem langgezogenen Seufzer. Julia ließ sich nicht mehr starten. Mit Herzklopfen und in Schweiß gebadet erwachte Jürgen und sprach beruhigend auf sich ein: Es war nur ein Traum, Jürgen. Seine Street Glide Special in Legend Blue Denim stand unversehrt und hochversichert in seinem Carport, der ja jetzt eigentlich Bikeport heißen musste. Noch schöner als das Biken in den Hills aber war das Putzen und Polieren seiner Julia. Die verchromten Teile, den glänzenden Lack, das Fetten der Kette, die sorgfältige Pflege des Sattels. Die reine Freude und ein Fest für Jürgens Seele. Er murmelte den Leitspruch, die Philosophie von Harley Davidson: All for freedom – freedom for all – alle für Freiheit – Freiheit für alle. Am Freitag würde er zum Motorradtreff fahren und sich zu der Harley-Gang gesellen. Er würde reüssieren.

Gesellschaftsnachrichten

Neulich begleitete ich meine Frau zu einem Arztbesuch. Wir warteten recht geduldig, bis endlich der Arzt im Wartezimmer erschien und meine Frau zur Konsultation aufrief. Zuvor hatten wir uns in die ausliegende, überwiegend aus Boulevard-Illustrierten bestehende, Literatur vertieft. Ich lese immer mit großem Interesse, was in Wartezimmern liegt. Denn das Vorhandene gibt Auskunft darüber, was Ärzte für die für ihre Patienten geeignete Lektüre halten. Ich griff zu einer *Bunten*. Sorgfältig blätterte ich das Druckerzeugnis durch und stieß auf so verheißungsvolle Überschriften wie: »Nico Schwanz, Model, 41, ist wieder verliebt.« Nun kann der Mann nichts für seinen Nachnamen. Dennoch löste er im Zusammenhang mit dem Verliebtsein Assoziationen aus, die ich hier nicht zum Besten geben werde. Diese Gedanken wurden jedoch jäh abgelöst von der nächsten Titelzeile: »Kim Kardashian hat Schuppenflechte.« Ich hätte nicht für möglich gehalten, dass diese selbstoptimierte künstliche Schönheit an so einer banalen Erkrankung leiden könnte. Über den Wahrheitsgehalt kann man, wie bei allen Meldungen dieser Perle des Journalismus, nur Vermutungen anstellen. Das nächste Highlight war die Zeile »Jorge Gonzáles heizte am HSE-Stand ein«. Der Laufstegtrainer wurde bekannt durch sein graziles Laufen in Zwölf-Zentimeter-High-Heels. Meine Aufmerksamkeit wurde auf der nächsten Seite gefesselt vom Schicksal eines emeritierten Fußballstars: »Wirbel um Schweinsteigers neues Familienparadies in Kitzbühel«. Zu groß, zu protzig, zu viel Wasserverbrauch, Unregelmäßigkeiten beim Erwerb des Traumgrundstücks vor Alpenpanorama. Besänftigt wurde ich hingegen von den »Umwelthelden«. Vereint im Klimageiste: Leonardo DiCaprio und Greta Thunberg. Zu sehen war ein Foto der beiden. Tragisch dagegen die nächste Nachricht: »Susanne Juhnke – ich ergänze, die Witwe von Harald Juhnke – von Stiefsohn gepfändet«. Das ist hart und gemein. Die Ex-Ehefrau von Til Schweiger, Dana Schweiger, hat ein Buch geschrieben. Eine Autobiografie. Über ihre Ehe mit T.S. Nach etlichen Jahren. Sie ist froh, dass sie Til nicht mehr die Unterhosen hinterherräumen und ständig abgestandene Weingläser einsammeln und volle Aschenbecher ausleeren muss. Wer soll, oder besser noch, wer will das lesen? Eine geradezu soziale Revolution drückt sich in der Nachricht aus, dass die Kinder der schwedischen Prinzessin Madeleine, Herzogin von Hälsingland und Gästrikland ohne Adelstitel aufwachsen. Die armen Kinder. Versöhnlich wurde ich gestimmt durch die Meldung, dass Deutschlands First Lady Elke Büdenbender ihren Mann, den Bundespräsidenten Frank-Walter Steinmeier liebt. Mögen die beiden ein Vorbild für die ganze Republik sein. Gerührt klappte ich die *Bunte* zu und eine kleine Träne zitterte in meinen Wimpern.

Neuere Ergebnisse der anthropologischen Forschung

Schatz, machst du bitte die Kühlschranktür zu! Mir wird kalt!« Der leicht schneidende und unwirsche Ton der Aufforderung ist nur schwer in Geschriebenes umzusetzen. Schatz wollte lediglich die Butter aus dem Kühlschrank holen, sah aber aus Gründen, die ihm selbst nicht klar waren, die Butterdose in dem Gewirr von Marmeladengläschen, Joghurt- und Buttermilchbechern, abgepacktem Käse, Aufschnittbehältnissen und Senfgläsern *nicht.* So stand er also still und ratlos schon seit zwei Minuten bei geöffneter Tür vor dem Kühlschrank und starrte in leicht gebückter Haltung hinein. Wir, die wir diese Szene beobachten, wissen aus der neueren theoretischen anthropologischen Forschung, dass Schatz schon durch die Aufgabenstellung überfordert ist. Er kann die Butterdose gar nicht sehen. Sein Verhaltensrepertoire, das ihm spätestens seit dem Mesolithikum beigegeben und genetisch verankert worden ist, sieht diese kleinteilige Aufgabe nicht vor. Seine Stärken sind das Schauen in die Weite der Steppe und das Sichten der Staubwolke über der sich nähernden Mammutherde. Sein Können zeigt sich im Zusammenspiel mit den anderen Männern, wie sie sich geräuschlos und blitzschnell über die Jagdstrategie verständigen, wenn ihnen ein kapitaler Hirsch vor die Speere gelaufen ist. Er hört auch das leiseste Geräusch, das der sich anschleichende Säbelzahntiger verursacht. Er ist der Beschützer der Frauen und Kinder in Zeiten der Not. Nun scheitert er also an der Butterdose. Wie anders doch die Frauen. Sie sammelten Früchte, ordneten die Vorräte, lasen auf den Gesichtern ihrer Kinder die feinsten Nuancen derer Bedürfnisse ab und besänftigten die mit Adrenalin aufgeladenen Männer, wenn sie noch übererregt von der Jagd kamen und beruhigten sie mit kleinen, gesummten Liedern. Könnte es sich da um die Vorläufer unserer heutigen hoch entwickelten Musik handeln? Also wenn Schatz aus den oben beschriebenen Gründen keine Butterdose im Kühlschrank finden kann: Mit welchen Aufgaben kann man ihn betrauen? Das Auto Millimeter genau in den Carport einparken. Den Wanderweg trotz Wandernavi nicht finden. Die Sportschau nicht verpassen. Im Getränkemarkt das günstige Lieblingsbier erjagen und in der Ladehöhle des Fordkombi nach Hause bringen. Die Farben der Fußballweltmeister am Ford anbringen und nie wieder abmachen. Also wenn die Aufgaben zwischen Männern und Frauen ihrer evolutionären Bestimmung entsprechend verteilt werden würden, wären viele Konfliktsituationen im häuslichen Zusammenleben vermeidbar und Frustration minimiert. Lasst uns die Weisheiten der Anthropologen auf die Moderne anwenden und viele Ehen wären gerettet.

Vorweihnachtliche Familienfeier

Wir haben eine zerrupfte Familienansammlung, die aus Ehescheidungen entstanden ist. Unsere Enkel sind also mal bei der Mutter, mal beim Vater, der unser Sohn, genauer, der Sohn meiner Frau ist. Besonders bei Geburtstagen der Kinder und an Weihnachten stellt das an alle Beteiligten besondere Anforderungen. Wer hat, ich sage mal, das Hauptzugriffsrecht auf ein Treffen mit den von allen geliebten Kindern? Da aus Gründen, die sich erst im Laufe des Textes klären werden, keine Familienkonferenz stattfinden kann, in der man die Abfolge von jeweiligen Aufenthaltsorten und Bescherungsritualen für L. und W. rund um das Weihnachtsfest festlegt, ergibt sich alles aus unterschwelligen bilateralen Verabredungen. Ganz grob gesagt gibt es nämlich einerseits die getrennten Eltern, es gibt den neuen Partner der Ex-Ehefrau samt dessen Eltern, die das erste soziale Großelternpaar stellen. Die Eltern der Mutter, also biologische Großeltern, dann die Mutter des Vaters der Kinder, also noch eine echte Oma. Den zweiten Mann dieser Oma, das bin ich, und es gibt den Vater des Vaters der geliebten Kinder und dessen zweite Ehefrau. Also noch einen biologischen Opa und eine soziale Oma. Um den Reigen zu ergänzen, haben die Kinder noch Onkel und Tanten, Großonkel und Großtanten und zwei Urgroßmütter. Diese Menschen wohnen auch an unterschiedlichen Orten. Meine Frau, nur zur Wiederholung, die die Mutter des Vaters ist und ich haben einen frühen Bescherungstermin zugewiesen bekommen. Es war fünf Tage vor Heiligabend. Weiße Weihnacht war im Zeichen des Klimawandels nicht in Sicht. Wir fuhren in das schöne Linden-Nord, in dem es viel ruhenden Verkehr gibt. Den nicht ruhenden Verkehr stellten wir dar, weil wir nicht ruhen konnten, bis wir einen nicht allzu weit von der Zielwohnung entfernten Parkplatz fanden. Dieses Mal gar nicht so weit weg. Wir hatten schon anderes erlebt. Aber das ist eine andere Geschichte. Beladen mit den Geschenken schritten wir die restliche Strecke zu Fuß. Wir klingelten. Eine hocherfreute L., also unsere Enkelin, drückte auf den Summer des Türöffners, nachdem wir uns über die Rufanlage angekündigt hatten. Und während wir das aufzugslose Treppenhaus des Wohngebäudes durchmaßen, ich zunehmend unter der körperlichen Anstrengung schnaufend, erklang aus dem vierten Stock engelsgleich eine Mädchenstimme, die ergreifend und schlicht, unterstützt durch die leicht hallige Akustik des Treppenhauses »Stille Nacht, heilige Nacht« sang, als käme der Klang direkt aus dem vorweihnachtlichen Himmel. Ich war gerührt und meiner Frau ging es ebenso. Mein erstes spirituelles Erlebnis mit diesem von mir eigentlich gar nicht sehr geschätzten Weihnachtslied, besonders wenn es auf Weihnachtsmärkten am Kinderkarussell rauf und runter gedudelt wird. Im weiteren Verlauf des Nachmittages wurden in sitzender und liegender Haltung auf dem Sofa Weihnachtslieder gesungen, in denen ein Roß entsprungen ist, ein geladenes Schiff kommt und die heilige Mutter Gottes ihren Mann Josef bittet, ihr gemeinsames Kind zu wiegen. Mit improvisierten Zweit- und Drittstimmen. Unsere Enkelin bekam im Anschluss eine Rückenmassage von meiner Frau, die sie sehr genoss. Ein zünftiges Stadt, Land, Fluss mit Sonderregelungen für Neun- und Elfjährige rundete den vorgezogenen Heiligen Abend ab.

Schließlich gab es etwas zu essen: Ein Händl im Bratschlauch, selbstgemachte Pommes mit ganz viel Heinz-Ketchup und lecker TK-Leipziger-Allerlei. Die Krönung bildete allerdings der Schokopudding, von dem es leider – wie immer – zu wenig gab.

Bei unserem langen Abstieg durch das Treppenhaus brachte L. uns noch einmal ein grandios gesungenes »Stille Nacht« mit dem perfekten Hall zu Gehör. Es war genauso schön wie beim Aufstieg.

Facebook

Ich versuche, jenseits von Facebook Freunde zu finden, indem ich dieselben Prinzipien anwende wie in eben dem sozialen Netzwerk. Deshalb laufe ich jeden Tag durch die Straßen und erzähle Passanten, was ich gegessen habe, wie ich mich gerade fühle, was ich am Abend vorher gemacht habe und was ich am Tag noch vorhabe und mit wem. Ich zeige ihnen Fotos von meiner Familie, meinem Hund und vom Gärtnern; wie ich die Garage aufräume, den Rasen sprenge, vor Sehenswürdigkeiten stehe, in der Stadt herumfahre, Mittag esse, eben was alle jeden Tag machen. Ich höre mir ihre Gespräche an, zeige ihnen den erhobenen Daumen (Thumbs Up) und sage ihnen, dass ich sie mag, also ich like sie. Und es funktioniert wie Facebook! Ich habe schon vier Follower: zwei Polizisten, einen Privatdetektiv und einen Psychiater.

Die Segnungen der modernen Hörgeräteakustik

Nein, Mutter, wir haben nicht den Walzertraum getanzt, sondern einen Walnussbaum gepflanzt. Ja, Walnussbaum.« »Bei dem Sturm?« Mutter hat wieder die Hörgeräte nicht eingesetzt. Das Telefonat gestaltet sich als schwierig. Opernwelt, Stoppelfeld, Sauerkraut, aufgetaut, meine Braut, die Edeltraut. Doch es rentiert sich, was die Vermehrung meines Reimkontingents betrifft. Meine Mutter setzt die Hörgeräte nicht ein, wenn sie allein ist. Dann gibt es kein Geräusch, das wertvoll genug ist, von ihren kleinen Helfern (»Mother's Little Helper«, *Rolling Stones*) verstärkt zu werden. Sie spart Batterie. Es kann aber auch vorkommen, dass sie in unserer Gegenwart, sollte sie die Geräte vergessen haben, laut sagt: »Ich verstehe nichts. Ihr flüstert.« Oder »Ihr nuschelt!«, wenn wir in normaler Lautstärke kommunizieren. Den Fernseher, ihr wichtigstes Fenster zur Welt, kann sie so laut stellen, wie sie will. Der dröhnt dann wie die Disco der freiwilligen Feuerwehr Schulenburg. Bei Spontanbesuchen, unangekündigt, vibrieren die Fensterscheiben, und sie hört das Läuten an der Haustür nicht. Wenn man sich dann vor der Terrassentür zeigt, wild gestikulierend, um sich bemerkbar zu machen, kann man sich böse Worte anhören: »Zu Tode erschreckt, willst wohl früher erben, etc.« Dabei spart sie an den Batterien fürs Hörgerät, damit ich und meine Schwester mehr erben. Das ist auch der Grund dafür, warum sie keine Urlaube mehr macht oder nicht mehr ins Theater, Kino oder in die Oper geht. Durchs viele Fernsehgucken kennt sie die Spielergebnisse der Bundesliga, die Auswirkungen des letzten Herbststurms und die neusten Ungehörigkeiten, nein, Ungeheuerlichkeiten, des amerikanischen Präsidenten Donald Trump. Und was die Grünenpolitikerin

Karin Göring-Eckardt bei den Verhandlungen um eine Jamaikakoalition angehabt hat, und wie Cem Özdemir mit dem Kopf gewackelt hat. Wie Horst Seehofer nicht mehr von der Obergrenze, sondern von einem Flüchtlingskontingent spricht. Wenn sie nicht gerade fernsieht oder Radio hört, natürlich mit der Lautstärke eines startenden Abfangjägers der Bundesluftwaffe, rät sie Kreuzworträtsel, am liebsten die der Kategorie »Um die Ecke gedacht«. Manchmal ruft sie an und fragt mich etwas, das sie selbst nicht rausgekriegt hat. Sie hat die Hörgeräte dann aber eingesetzt. »Du musst das wissen, du bist doch Akademiker.« Nun bin ich aber nicht ständig im Modus, komplizierte Rätsel zu lösen, weil ich auch andere Dinge zu tun habe, so dass es passieren kann, dass ich's auch nicht weiß. »Wofür haben wir dich studieren lassen, wenn du das nicht weißt.« Ich beginne, mich aufzuregen. »Das war nicht mein Studienfach«, rufe ich dann ins Telefon. »Du brauchst nicht so zu schreien«, kontert meine Mutter. Dann weiß ich wieder, die Hörgeräte sind drin. Hörgeräte sind ein Segen für die Menschen, zumindest für die, die sie sich leisten können für Tausende von Euros. Ein Segen für die Schwerhörigen und für die, mit denen sie akustischen Umgang haben.

Heiße Schokolade – eiskalt serviert

Es ist der 5. November 2017. Wir befinden uns in einem Städtchen in Nordhessen. Das Wetter gereicht dem Monat zur Ehre. Es ist kühl, neblig und es regnet in Maßen, also nur dünne Fäden. Für uns geeignetes Wanderwetter. Wir brechen auf. Die Strecke: Vom Hasler Berg zur Alheimer Baude. Stetig ansteigend, ohne dass der Regen aufgehört hätte, wandern wir durch Laubwald zur Linken, Nadelwald zur Rechten. Goldenes Herbstlaub leuchtet vor dunklen Stämmen. Herz und Seele freuen sich an dem ästhetischen Anblick. Gelbe, runde Blätter liegen wie Goldtaler auf den Wegen. Ein Wind kommt auf und lässt noch mehr der für die Bäume überflüssig gewordenen Pflanzenteile durch die Luft wirbeln wie wandernde Monarchfalter. Der Regen nimmt zu. Die Fäden werden dicker. In den sich bildenden Pfützen schlägt er Blasen. Die Wanderlust nimmt an Intensität ab. Ich meine den steten inneren Antrieb, sich zu Fuß die Natur und die Welt fern der Heimat zu erschließen. Es gilt nur noch eingeschränkt: »Wohlauf, die Luft geht frisch und rein, wer lange sitzt muss rosten …«. Es wächst der Wunsch, den Rückweg anzutreten. Doch erst leise und schließlich immer lauter bricht sich ein Geräusch Bahn an unsere Ohren. Es ist kein natürliches Geräusch wie das Rauschen der Bäume im Wind oder der Warnschrei eines aufgeschreckten Eichelhähers. Es ist das sonore Brummen eines Generators, des Generators der angestrebten Baude. Es zieht uns hinan. Eine einfach verglaste Hütte im Walde. Draußen stehen mindestens zehn Autos. Ich sage: Oh, man hätte auch herfahren können. Auf einer anderen Route allerdings, denn wir waren nur Pfade geschritten, auf denen nie ein Automobil gefahren war. An der Tür empfängt uns ein großer schwarzer, lieber Hund. Unsere Oberbekleidung trieft von Wasser aus unserer wohlmeinenden Atmosphäre. Im Kamin glost ein freundliches Feuer. Rustikales Holzgestühl, blanke Tischplatten. Wir legen ab. Ein Tisch ist belegt mit hessischen Veteranen, deren laute Unterhaltung mit rollenden R's das Herz erwärmt, so wie der Kamin unsere Leiber. Eine ältere Frau mit einfacher Frisur, die eine Wäsche nötig gehabt hätte, also die Frisur, tritt an unseren Tisch und fragt nach unseren Wünschen. Nach kurzem Überlegen entscheide ich mich für einen Jagertee, meine Gefährtin für eine heiße Schokolade mit Sahne. Der Jagertee ist ein alkoholisches Heißgetränk. Leider erfüllen beide Getränke, als sie denn an unserem Tisch angekommen sind und sofort verkostet werden, nicht das Kriterium »heiß«. Die ungenaue physikalische Zuschreibung würde lauten: lau. Zudem ist die Sahne sauer, oder um es liebevoller zu beschreiben: Sie hat einen Stich. Das lässt die Wirtin nicht gelten. Die sei frisch. Eigentlich bin ich sauer wie die Sahne, erinnere mich aber an mein kürzlich erst erneuertes Lebensmotto: Sei heiter und gelassen. Und ich lasse Fünfe gerade sein. Ich balle also nicht die Finger der Hand zur Faust und generiere keinen Hieb mit derselben. Der Generator hinter der Hütte hatte wohl gerade in dem Moment geschwächelt, als die Milch für den Kakao und das Wasser für den Jagertee erhitzt werden sollte. Er hat einfach zu wenige Elektronen durch die Leitung herübergeschickt. Wir zahlen und ziehen unsere klammen Jacken wieder an. Der Rückweg. Ich denke darüber nach, wie viele Liter Wasser sich bereits über mich ergossen haben. Wie viele an mir abgeglitten und wie viele in meiner Jacke verblieben sind. Schön wäre noch, das prozentuale Verhältnis von abgeglittenem und haftengebliebenem zu kennen. Die Wege und Pfade durch den nordhessischen Wald hatten sich in der Zwischenzeit in Rinnsale und kleine Bäche verwandelt. Die Wasser der Fulda schwollen bedrohlich an. Schließlich hatten meine Gefährtin und ich die Fährnis überwunden und verbrachten den Nachmittag wieder im Wasser, aber im Wasser einer Wellness-Oase mit dreißig

Grad. Dies rundeten wir ab mit dem Besuch einer Saunalandschaft. Es gibt also verschiedene Möglichkeiten, einen unfreundlichen Novembertag zu verbringen.

Ich nehme bewusstseinserheiternde Drogen …

Es war an einem heißen Donnerstag im August, als ich ohne äußeren Anlass in einen Strudel unheilvoller Gedanken geriet. Ich fragte mich, war ich mit schuld an Stellvertreterkriegen, Handelskriegen, Verteilungskriegen; schuld am Verschwinden tropischer Regenwälder, an der Kinderarbeit beim Abbau von afrikanischen Tantalerzvorkommen, also Coltan für die Herstellung von Smartphones, war ich mit verantwortlich für die Umweltzerstörung von Teilen Südamerikas beim Abbau von Lithium für Akkus ? Eine Welle von Stichwörtern überrollte mich: Klimaerwärmung, Bienensterben, NOX-Werte, Mikroplastik im Wasser und in Nahrungsmitteln, Nitratverseuchung durch Gülle im Boden, die Qualen der Schlachttiere, Dieselskandal, häusliche Gewalt, Kindesmissbrauch, Starkregenereignisse, Erderwärmung, und, und, und.

War ich schuld am Elend dieser Welt? Ich litt unter der Vorstellung, mich schuldig fühlen zu müssen, und sann auf Abhilfe. Ich dachte an *bewusstseinserheiternde* Drogen. Doch nicht an die handelsüblichen, wie Ecstasy, LSD oder auch nur Marihuana. Die wären mir auch zu teuer gewesen. Ich mörserte mir Petersilienwurzeln, ich mixte mir Smoothies aus rote Beten und Minzeblättchen, nicht ohne die drei großen K's: Kardamom, Koriander und Kurkuma. Mein Hochgeschwindigkeitshäcksler half mir dabei. Ich verwandte Mangold, Pastinaken und Möhren, die Purple Haze hießen, Purpur Dunst, wie der gleichnamige Song von Jimi Hendrix. Und meine Trünke wirkten, natürlich auf unterschiedliche Weise. Es gab Substanzen, die mich fliegen oder mit den Pflanzen und Tieren oder Laternenpfählen reden ließen: »Na, du Guter, wirst angepinkelt, stehst in Wind und Wetter, wirst umgefahren, ausgetreten, und gibst uns doch Jahr um Jahr dein Licht.« Ich mache Gedankenexperimente mit Mischungen aus Kahlem Krempling und Schopftintling. Da rutscht auch mal ein Fliegenpilz dazwischen, der die Brockenhexen hat fliegen lassen. Nicht ganz so gute Erfahrungen habe ich mit dem grünen Knollenblätterpilz gemacht. Vor meinem geistigen Auge sehe ich – im Rausch halte ich es natürlich für Realität – : Putin und Trump haben eine gleichgeschlechtliche Affäre miteinander und inspirieren ihre Armeen, das gleiche zu tun. Erdogan mutiert zum türkischen Gandhi und will den Pazifismus in ganz Vorder- und Mittelasien einführen und beweisen, dass der Islam eine friedliche Religion ist. Die Berufstätigen pendeln mit wasserstoffgetriebenen Rikschas zur Arbeit, wenn sie nicht gleich in ihr Homeoffice gehen. Die Kinder spielen wieder mit realen Gegenständen, sagen »Ball« und »Feuerwehrauto« und vergessen, ihre Smartphones aufzuladen.

Die Zeichen stehen auf Love and Peace. Rainer Langhans und Uschi Obermaier lösen in ihrer großen Weisheit Robert Habeck und Annalena Baerbock im Vorsitz bei den Grünen ab. Schlachttiere werden mit Blumen bekränzt, bevor sie ins Nirwana gestreichelt werden. Es gibt Bezugskarten für 125 Gramm Fleisch pro Woche und Person. Darauf haben sich alle Parteien des deutschen Bundestages geeinigt bis auf die Stimmen der AfD. Mit hoher Zustimmung der vorher befragten Bevölkerung. Lehrer gibt es im Überfluss. Sozialpädagogen werden überflüssig. »Alle Menschen werden – nein, nicht Brüder – sondern Gender-Buddys, wo dein sanfter Flügel weilt …«, also der, der Freude. »Die Autos und die Socken würden nicht mehr stinken …«, soweit die Prophezeiung in Rio Reisers »König von Deutschland«. Was in Erfüllung geht, dank meiner durch pflanzliche Drogen unterstützten imaginativen Kräfte.

Brigaden von ehemaligen Rechtsradikalen in bunten Sergeant Pepper Uniformen und Blumen im Haar werden an strategischen Punkten stehen und freiwillig die Luft sauber atmen. Ein erster sinnvoller Einsatz. Die Religionen der Welt werden

»Es-gibt-nur-einen-Gott«-Kongresse abhalten. Passanten, die sich auf den Straßen begegnen, singen »We shall overcome …« Greta Thunberg wird erstmalig in einer weltweit übertragenen Fernsehsendung und in den Streamingdiensten über das ganze Gesicht lachen – und das wär's doch schon wert. Mögen mir nie die halluzinogenen Gemüse und Pilze ausgehen. So werde ich doch noch angenehm an das Ende meines Lebens gelangen. Vielen Dank!

Das Bonbonpapier

Obwohl die Menschen es ungern wahrhaben wollen, sie stammen aus der Natur und sind Millionen Jahre der Evolution ausgesetzt gewesen, die sie zwar optimiert hat, und doch bleiben sie biologischen Vorgängen unterworfen. Zum Beispiel altern sie. Warum sie altern, darüber gibt es zahlreiche Theorien. Anzeichen des Alterns sind unter reichlich anderen: abnehmende Seh- und Hörfähigkeit, die Blase will nicht mehr so und die Verdauungssäfte fließen spärlicher. Schade. Auch der Speichelfluss lässt nach.

Konzerte, in denen klassische Musik gespielt wird, werden zum großen Teil von älteren Menschen besucht. Musik ist ein himmlisches Gut, manche sagen, die höchste aller Künste. Und sie ist ein akustisches Ereignis. Neulich war ich wieder im Konzert. Musiksommer. Also gar nicht so sehr die Zeit der Erkältungen, die mit Husten und Niesen einhergeht. Aber mit Räuspern. Muss der Mensch, selbst auferlegt, lange sitzen, hat er Zeit und Muße seine oberen Atemwege innerlich zu beobachten. Und siehe: es juckt, es kratzt im Hals. Was tut er? Er räuspert sich. Bei dreihundert Besuchern und einer RR, Räusper-Rate, von durchschnittlich einmal in fünf Minuten pro Zuhörer, was wenig ist, kommen wir auf sechzig Räusperer pro Minute und bei einer Konzertlänge von hundert Minuten auf sage und schreibe sechstausend Räusperer. Zum Glück finden viele Räusper-Ereignisse in Forte-Stellen statt, also da, wo es laut ist. Viele Musikfreunde platzieren ihre Halsgeräusche aus Rücksichtnahme bewusst an diesen Stellen. Gut erzogene Konzertbesucher heben sich ihr Räuspern und kleines Abhusten auch für die Pausen zwischen den Sätzen auf, die die Musiker schon mal für ein kurzes Nachstimmen ihrer Instrumente nutzen. Hier kann man eine wahre Räusper-Kaskade, ein zeitliches Zusammentreffen vieler Räusper-Ereignisse, ja ein kleines Konzert vernehmen.

Zuverlässig an der leisesten, ergreifendsten und zu Herzen gehenden Stelle bekämpft eine Zuhörerin, die immer in meiner Nähe sitzt, ihr Halsproblem mit einem Bonbon. Die Tüte mit der Süßigkeit ruht noch in der Handtasche. Die ist mittelgroß, geräumig und nur wenig unterteilt. Sie hat einen Schnappverschluss. Er wird geöffnet. Es gibt ein Knips-Geräusch. Die linke Hand hält die Tasche, die rechte sondiert in der dunklen Höhle des Innern. Der Kenner nimmt es am Geräusch wahr: Da ist das Schlüsselbund, das Handy, der Lippenstift, das Puderdöschen, der Autoschlüssel, die Papiertaschentücher. Endlich: die Hand ertastet die Tüte. Wir hören das charakteristische Geräusch einer Eukalyptusbonbontüte. Die Bonbontüte wird langsam ans Licht befördert. Sie ist noch ungeöffnet. Ein dezentes Knistern. Sie ist offen. Ein leichtes Rascheln. Das Bonbon findet den Weg hinaus. Linke und rechte Hand kommen jetzt zum Einsatz. Daumen und Zeigefinger halten die Rosetten des Einwickelpapiers. Vorsichtig wird gezogen. Rücksichtsvoll. In Zeitlupe. Das Bonbon dreht sich um seine Längsachse. Das zarte Flötensolo bekommt eine ganz besondere Note. Das Bonbon ziert sich noch etwas. Es klebt am Papier. Ein leicht schmatzendes Geräusch, und das Bonbon hat verloren. Nackt steht es aufrecht im Dreieck von Daumen, Zeige- und Mittelfinger der Musikfreundin. Es wird zum Mund geführt. Das Eukalyptusbonbon befindet sich in der Mundhöhle der Konzertbesucherin, schlägt gegen die Schneidezähne und tut schließlich, was es soll: den Speichelfluss anregen.

Das nun seiner Funktion beraubte Bonbonpapier wird unter scheinbar höchster Rücksichtnahme zerknüllt und in der Handtasche versenkt. Finale: der Schnappverschluss. Knipppsss. Das Orchester hat eine Tutti-Stelle.

Im Thermalbad

Er hatte sich einen Aufschwimmkörper aus Schaumstoff in Schlauchform vom Haufen genommen, vielleicht 1,50 Meter lang, auch Schwimmnudel genannt. Es gab verschiedene Arten, diese Nudel zu nutzen, zum Beispiel rittlings. Davon nahm er Abstand. Er legte seinen Denkerkopf mittig auf die Nudel und ließ ihre beiden Enden unter den Achseln hindurchschauen. Auf sie konnte er sogar seine Hände ablegen. Den Kopf tauchte er waagerecht ins Wasser, die Ohren unterhalb der Wasseroberfläche, so dass er das Summen der Pumpen, das Sprudeln der Wasserdüsen und ein gelegentliches Knacken gut hören konnte. Er schätzte die Wassertemperatur der schwach salzig schmeckenden Sole auf vielleicht 34 Grad. Also knapp unter Körpertemperatur. Die Strömung erzeugenden Sprudler trieben ihn mal hierhin mal dorthin im Becken umher, währenddessen er seine Zehen anblicken konnte und bemerkte, dass die Zehennägel zu lang waren und wieder einmal geschnitten werden mussten. Eine Weile vertiefte er sich in die holzgetäfelte Decke des sechseckigen Gebäudes. Zunächst zählte er die Deckenventilatoren; jedes Segment hatte vier davon, bis auf ein Segment. Also vier mal fünf gleich zwanzig. Und wirklich jedes der sechs Segmente hatte sieben Leuchten; einfache Multiplikation. Er kam auf 42. In anderem Zusammenhang hatte er einmal gehört, dass 42 die Lösung aller Fragen im Universum sei. Aha. Er war auf dem richtigen Weg. Er versank tiefer in seine Deckenmeditation. Die Bretter, die die Decke verkleideten, waren im Beton verschraubt oder geschossen. Er suchte also nach einem Algorithmus, um die Gesamtzahl der Schrauben oder Krampen zu ermitteln und eben nicht jeden einzelnen Punkt zu zählen. Ein Algorithmus ist eine eindeutige Handlungsvorschrift zur Lösung eines Problems. Das war nicht leicht, denn die die gleichseitigen Dreiecke ausfüllenden Bretter wurden ja immer kürzer, also wurde auch immer weniger Befestigungspunkte benötigt. Doch angeregt durch die Wärme, das Plätschern, die gelegentlichen Lustschreie der Kinder begannen sein Geist und seine Seele zu wandern. Er befand sich in der Südsee, Polynesien. Feinster Sandstrand. Kleine Schaumkronen schmückten die plätschernde Dünung. Blaue Lagune, kristallklares Wasser, Fische in allen Farben des Regenbogens durchkämmten die Korallenwälder. Kokospalmen mit den gleichnamigen Nüssen säumten den Strand. Leicht bekleidete, schöne junge Frauen mit braunem Teint umstanden ihn. Sie schienen sich über seine Anwesenheit zu freuen und kredenzten ihm Cocktails und frische Ananas. Machten sie ihm Avancen? Hatte er nicht ein verführerisches Lächeln auf den Lippen der Schönsten gesehen? Er kannte nur wenige Gemälde von Paul Gaugin. In eines von ihnen fühlte er sich versetzt. Doch wurden Gaugin nicht im Nachhinein sexueller Missbrauch, Frauenfeindlichkeit und Rassismus von der feministischen Kunstgeschichte vorgeworfen? Sogar im Traum kam er mit sich selbst in Konflikt. Denn gleichzeitig wurde er von der so selbstverständlichen Weiblichkeit in seinem Hirngespinst angezogen. Er wollte aber auch nicht in die Nähe von Gedankengut alter weißer Männer geraten. Plötzlich tat es einen heftigen Schlag gegen seinen Kopf. Die Strömung im Thermalbecken, denn da befand er sich ja immer noch, hatte ihn und seine Nudel ganz unsanft gegen den Beckenrand getrieben. Sein Traumgebilde war geplatzt und er war auf einen Schlag von seinen konfliktbeladenen Gedanken befreit.

Unten rasiert

Ungenannt bleiben wollen Zeugen, eigentlich Zeuginnen, die mir aus dem Damenduschraum eines nicht näher bezeichneten Fitnesscenters über die neuere Haarmode im Intimbereich berichten. Man spricht von Haarlosigkeit. Woher mag der Drang zum Mehr-als-nackt-sein-Wollen kommen? Vielleicht es das schon die erste Antwort. Der Wunsch, nackter als nackt zu sein. Sich als Frau zurückzuwünschen zum Mädchenhaften ohne störenden Bewuchs. Dem Manne ein kleines Mädchen sein wollen. Ihm die Möglichkeit zu geben, seine verdrängte Pädophilie auszuleben. Ganz, ganz sauber sein zu können. Vielleicht haben A-, B- oder C-Promis oder Celebrities, wie man heute sagt, auf ihrer Homepage, in Facebook oder auf Twitter Auskunft über ihre ganz persönliche Haarmode untenrum oder Down Under gegeben: Hollywood-Einflugschneise, Herzförmiges zum Valentinstag oder blank? Und dadurch Nachahmer inspiriert? Wir werden hier zu keinen end- oder allgemeingültigen Antworten gelangen. Aber noch eine andere Frage muss erlaubt sein: Wie wird dieser, zumindest oberflächliche und flüchtige Zustand der Haarlosigkeit – denn in der Unterhaut wohnen die Haarbälge – aufrechterhalten?

Wie es schon der Titel meiner kleinen Untersuchung verrät, durch Rasur. Ja, wie? Elektrisch oder Nassrasur mit Pinsel und Schaum. Jetzt keine falschen Lacher, bitte! Oder Enthaarungscreme?

Wie sieht's bei den Männern aus? Während der Vollbart wieder Trend ist, bleibt untenrum die freie Fläche angesagt. Männer mit Schamrasur gelten als gepflegt und sexy. Wie ich an anderer Stelle schon einmal ausführte, wirken Männer unten rasiert allerdings auch ein bisschen wie kleine Jungs. Das wäre das Gegenstück zu »kleine Mädchen« im oberen Teil des Textes. Andererseits wirken die besten Stücke am Mann auch ein kleines bisschen größer als unrasiert, da ja nichts durch einen Busch verdeckt wird. »Je kleiner die Hecke, desto größer das Haus!«, sagt Mirja du Mont. Wie schreibt schon Rainer Maria Rilke im dritten seiner »Sieben Gedichte« im Spätherbst 1915?: »Mit unsern Blicken schlössen wir den Kreis, / daß weiß in ihm die wirre Spannung schmölze. / Schon richtet dein unwissendes Geheiß / die Säule auf in meinem Schamgehölze.« Dem ist fast nichts hinzuzufügen. Schöner kann es ein Dichter nicht sagen. Vielleicht hätte Rilke, wäre denn die Schamrasur zu seiner Zeit in Mode gewesen, doch auf sie verzichtet. Denn ohne »Schamgehölze« wären diese herrlichen Zeilen nie entstanden. Ehe ich noch mehr ins Träumen gerate, möchte ich meine Zeilen an dieser Stelle auch beenden.

Pro Silence 66

Die jüngeren unter uns werden es nicht kennen. Es gibt ein Couplet, also ein freches Lied mit wiederkehrendem Refrain, von Hugo Wiener, das heißt: »Ich kann den Nowotny nicht leiden!« So geht es mir mit unserem neuen Staubsauger. Ich kann ihn auch nicht leiden. Es handelt sich um ein Gerät der Weltfirma, die mit B anfängt und auf -osch endet. Das Modell nennt sich großspurig Relaxx'x, mit drei X-en, Pro Silence 66 Dezibel (A), also »Für die Stille«, davon kann man bei 66 Dezibel noch nicht wirklich sprechen. Mit Rotation Clean System, Sensor Bagless Technology, Quattro Power System und Sensor Control. Steht alles drauf. Habe ich mir nicht ausgedacht. Er ist ein Angeber. Er hat ein magisch blaues Lämpchen oder Display und ist doch nur ein Elektromotörchen mit schwarzem Gehäuse, dessen Oberfläche schwarzen Klavierlack imitiert. Und das Gehäuse könnte in einer Computeranimation ein Raumschiff in *Star Wars* darstellen. Ein Elektromotörchen, das einen Unterdruck erzeugt, der Staub, Haare, Schuppen, verschüttete Linsen, Blut, Schweiß und Tränen vom Boden und vom Teppich aufsaugen soll. Ein bisschen Vakuum halt – Vacuum Cleaner – das konnten Staubsauger schon vor hundert Jahren. Dabei zieht er immer den Schwanz ein, wenn ich mit ihm auf Saugtour, nicht Sauftour, gehe, und der ist auch noch zu kurz. Das Kabel des Vorgängers war mindestens einen Meter länger und hat für das ganze Haus von unten bis oben gereicht. Zumindest bis zum ersten Stock. Den neuen Angeber muss ich in drei verschiedene Steckdosen stecken, damit das Kabel reicht. Der alte hatte einen Griff auf dem Rücken, so dass man ihn problemlos über das Kabel heben konnte, wenn es im Wege lag. Der neue hat so etwas nicht und hat auch nur vier winzig kleine Rollen, die es nur schwerlich übers Kabel schaffen. Zieht man ihn hinter sich her, eiert er orientierungslos hin und her und bleibt am liebsten am nächsten Möbelstück hängen. Das Umstellen von Boden- auf Teppichbürste ist mit Kraftanstrengung verbunden. Ich bin der festen Überzeugung, dass kein Chefdesigner oder Konstrukteur, und ganz zu schweigen vom CEO, also dem Vorstandsvorsitzenden, den Relaxx'x mit drei x schon *einmal* im Selbstversuch in der Alltagspraxis getestet hat. Auch Umfragen im Aufsichtsrat haben ergeben, dass deren Mitglieder die Reinigungsarbeiten ihren Hausangestellten überlassen. Alle haben keine Ahnung von der Alltagstauglichkeit des oben beschriebenen Produkts. Ich kann den Nowotny nicht leiden. Und der alte war noch nicht mal kaputt.

Ungeahnte Meeglichkeiten

Unlängst begleitete ich meine Frau in die Medizinische Hochschule Hannover. Es ging um einen ernsten Verdacht, der in der Urologischen Klinik mit stationärem Aufenthalt abgeklärt werden sollte. Nach einigen, sollte ich sagen, zahlreichen, sicher sehr notwendigen Anmeldeformalitäten an unterschiedlichen Anlaufstellen fuhren wir mit einem Aufzug der Firma Otis, möglicherweise auch Schindler, bei der ich immer an Schindlers Liste denken muss, in den achten Stock des Bettenhauses, um die Privatstation 28 der klinischen Urologie aufzusuchen und ein Bett zu belegen. Schnell fanden wir das Schwesternzimmer. – Also von Zeit zu Zeit bin ich nicht auf der Höhe des heutigen Sprachgebrauchs, denn wir sagen Stations- oder Dienstzimmer, welches die logistische Zentrale, der Pflegestützpunkt, der jeweiligen Station darstellt. – Durch die offene Glastür wandte ich mich den dort anwesenden Pflegekräften zu. Ich blieb im Türrahmen stehen, denn ich vermutete, dass man uns den Eintritt streng verwehren würde. Das war nicht der Fall. Ayse P. bat uns herein, und wir trugen unser Anliegen vor. Meine Frau wollte ein Zweibettzimmer. Ayse fackelte nicht lange und lief vor uns her und öffnete die Tür zu einem Krankenzimmer Nr. 5. Zu meiner und meiner Frau Überraschung befand sich schon eine männliche ältere Person im Raum. Sie füllte am kleinen Tischchen den Fragebogen nach den Vorerkrankungen aus. Ich grüßte und betrat den Balkon, von dem aus man eine wunderbare Aussicht auf das hannoversche Umland hat. Meine Frau hatte ihre kleine Reisetasche auf das uns zugewiesene Bett gestellt und begann gleichfalls, den Fragebogen auszufüllen. Sie hatte einen zweifelnden Blick. Da wir uns nicht länger als nötig im Zimmer aufhalten wollten, fragten wir Ayse, ob wir uns in dem Moloch MHH noch ein wenig umsehen könnten. Sie verwies darauf, dass der Anästhesist käme, um die Modalitäten des Eingriffs zu besprechen. Also begaben wir uns nur in den Aufenthaltsraum der Station, in dem schon eine Frau saß. Mich hatten auch leise Zweifel überkommen. Hatte man hier gemischtgeschlechtliche Krankenzimmer? Vielleicht lag es daran, dass es sich um eine Privatstation handelte. Ich überlegte laut und bezog also auch die Dame mit ein, ohne sie direkt anzusprechen. Das ist eine meiner Spezialitäten. Und sie sagte doch tatsächlich mit einem charmanten polnischen Akzent: »Das sind ja ungeahnte Meeglichkeiten!« Da lachten wir drei. Ich wollte die Angelegenheit jedenfalls nicht auf sich beruhen lassen und ging zurück in das Zimmer Nr. 5, in dem sich noch Schwester Ayse und der besagte Herr befanden. Da Ayse ihm den Blutdruck maß, geduldete ich mich noch einen Moment und fragte dann, ob es denn üblich sei, dass man hier Mann und Frau in einem Zimmer unterbringe. Nun erkannte die freundliche Pflegerin, dass sie einem Irrtum aufgesessen war. Sie hatte angenommen, ich sei der Patient. Ich vermute, weil ich bei der Zimmersuche forsch vorangeschritten war. Ich erwähnte noch die »ungeahnten Möglichkeiten«, doch der Herr sagte, er habe im Augenblick andere Sorgen. Nach diesem Gespräch ging alles sehr schnell. Meine Frau bekam ein Einzelzimmer. Später erzählte sie mir, sie habe noch einmal mit dem Herrn von Zimmer 5 gesprochen, der bei meinem vermeintlichen Einzug auch nicht widersprochen hatte, weil er meine Frau für meine Sekretärin gehalten hatte und mich für den Patienten. Ich muss mein Verhalten als treusorgender Ehemann bei Gelegenheit einmal überprüfen, denn es muss irgendwie an mir gelegen haben, dass dieses Missverständnis überhaupt zustande gekommen war.

Kosovo im Fitnessclub

Ich stand unter der Dusche in meinem Fitnessclub *Aktiv-Zentrum* nach einem schweißtreibenden Workout an allen relevanten Kraftmaschinen. Ich hatte mich wie immer für die einzige Handdusche entschieden, die sich neben fünf weiteren fest installierten Duschen im Raum befindet. Ich bevorzuge die Handdusche, weil man mit dem Handstück auch *die* Körperteile und Stellen erreichen kann, die für nur von oben kommende Brausestrahlen eben nicht oder nur schwer erreichbar sind. Zunächst bewässerte ich meine ausgedehnte Körperoberfläche gründlich, um mich dann mit einem milden Shampoo einzuseifen. In kleinen Rinnsalen sammelte sich das warme Wasser auf meinem Leib, suchte sich seinen Weg über beachtliche Hautpartien und kleine Wälder von Körperhärchen, rann die Beine hinab und sammelte sich als Pfütze in einer leichten Senke, wo Estrich- und Fliesenleger dem Anschein nach nachlässig gearbeitet hatten. Versunken in Selbstachtsamkeit, hüllenlos und kurzsichtig brachte ich den gesamten Duschvorgang, nicht zu verwechseln mit Duschvorhang, mit dem sorgfältigen Abspülen des während des Einseifens entstandenen Schaums mit nachhelfenden, streifenden Bewegungen meiner linken Hand zu Ende unter wohlwollendem Wahrnehmen meiner geordneten Proportionen. Neben mir stand ein junger Mann, nicht sehr muskulös, ein bisschen Speck an den Hüften, der mir seinen Rücken zuwandte, um sich in einer weniger feuchten Ecke des Duschraums abzutrocknen. Trotz meiner Kurzsichtigkeit konnte ich auf zwei Meter Entfernung auf seinem Rücken eine zentimeterhohe Tätowierung von Schulterblatt zu Schulterblatt erkennen, die aus einer Zahlen- und Buchstabenkombination zu bestehen schien. Ich hatte schon Einiges an bildhaften Darstellungen zu sehen bekommen: Tribe-Tattoos, Indianer- und Totenköpfe, unbekleidete Damen, Pferdeköpfe, Fabelwesen, Rosen u. a. Dies jedoch war neu für mich. Ich begann mich auf dem Schultergürtel des nackten Mannes einzulesen. Schließlich verstand ich. Ich sagte freundlich zu ihm: »In kaum drei Monaten haben Sie ja Geburtstag!« Denn da war ein Geburtsdatum zu lesen: 18. März 1983. Es folgten ein Buchstabe und eine fünfstellige Ziffernfolge. Nachdem wir uns beide zu Ende abgetrocknet hatten, kamen wir miteinander ins Gespräch. Ich sagte, dass so eine Inschrift sicher nur die Elitetruppe auf den nackten Leib tätowiert bekomme, was mein Gesprächspartner verneinte. Das, was er auf dem Rücken trug, war die Personenkennziffer der Bundeswehr zur eindeutigen Identifizierung des betreffenden Soldaten. In der Regel steht diese Kennziffer nur im Schriftverkehr und auf der Erkennungsmarke, die jeder Soldat bei sich zu tragen hat. Dieser junge Mann war aber Teil einer Gruppe, die sich, auch weil sie einen Auslandseinsatz zu bestehen hatte, ihre Personenkennziffern auf den Rücken hatte tätowieren lassen. Befragt nach dem Einsatzland antwortete der Gezeichnete: »Kosovo.« Ich fragte mich im Stillen, ob er Kriegsgreuel, Massaker oder abgerissene Gliedmaße gesehen hätte, er in Kampfeinsätze verwickelt gewesen wäre, oder ob er Albträume hätte. Es wäre aber ganz ruhig da gewesen, sagte er, ohne dass ich meine Befürchtungen hatte laut werden lassen.

»Wir sind doch öaan Alter!«

Schon Tage vorher hatten Rudolf und Brigitte verabredet, dass der Donnerstag ihr Wellnesstag werden sollte. Mit Thermalsolebad, Saunalandschaft und meditativem Liegen im Außenbereich, denn die Temperaturen lagen schon über zwanzig Grad, im 25 Kilometer entfernten Staatsbad Bad Nenndorf. Staatsbad, das klingt schon nach was. Rudolf hatte bei der Morgentoilette in den Spiegel und an sich herabgeschaut. Er war sehr zufrieden mit sich und befand, dass er jünger aussah als seine 66 biologischen Jahre. Er sah, dass es gut war. Um ja nichts zu vergessen, hatte er mit großer Konzentration seine Tasche gepackt: Saunatuch, Sitztuch, Frottee-Bademantel, Badehose, Badeschuhe, Shampoo, Duschgel, Tagescreme, Körperlotion und Lesestoff, Portemonnaie. Sie hatten ihre Sporttaschen im Kofferraum des Autos verstaut und fuhren los.

Nach einer halben Stunde erreichten sie Bad Nenndorf und hatten Glück. Ein Parkplatz nicht weit vom Bad. An der Kasse stellte sich heraus, dass der Donnerstag der Damensaunatag war. Brigitte hatte sich auf die Sauna gefreut, so dass die beiden kurzerhand beschlossen, nicht wieder nach Hause zu fahren, sondern ihre ursprünglichen Absichten zu verfolgen. Allerdings ohne Nutzung des Innenbeckens, denn das befand sich im Stadium der Neugestaltung. Für die Nutzung der Saunen und des Außenbeckens wurde für ein Drei-Stunden-Ticket neun Euro fällig. Für die Herren, die nur das Außenbecken nutzen durften, auch. Rudolf fühlte, wie eine leichte Verstimmung in ihm aufstieg. So hatte er sich seinen Wellnesstag nicht vorgestellt.

Brigitte und Rudolf gingen zunächst beide ins Außenbecken, das außer warmem Sole-Wasser auch einige Massagedüsen unter Wasser, scharfe Strahlen schießende dicke Rohre und Sprudelnischen bot, die sich in vorgegebenem Rhythmus ablösten. Als er sich umschaute, erkannte Rudolf, dass er mit einer Ausnahme eines anderen Mannes, der von gelegentlichen spastischen Zuckungen gequält wurde, die allerdings ziemlich lustig aussahen und ihn an Monty Pythons Fliegenden Zirkus erinnerte, der einzige männliche Vertreter in der Wellnessrunde war. Brigitte hatte sich entschlossen, jetzt die Saunalandschaft aufzusuchen, zwei oder drei Gänge zu machen und dann ihre Haare zu waschen, was bei Brigitte immer einen etwas höheren Aufwand bedeutete. Rudolf wurde also allein gelassen. Unschlüssig schaute er sich abermals um. Überall dicke oder faltige ältere Damen, die in Grüppchen zusammenstanden, das geht gut bei 1,30 Meter Wassertiefe und 33 Grad Wassertemperatur, und angelegentlich mit einander plauschten, so dass ihre farbigen Badehauben-Kreationen vibrierten. Allein, so allein. Rudolf vermisste Brigittes Anweisungen, was man alles Nützliche für den Körper anstellen hätte können, um seiner Gesundheit förderlich zu sein: Sich strecken, beide Arme ausbreiten, sich an den Beckenrand hängen, die Massagedüsen nutzen. Nirgendwo auch ein weiblicher Körper, der seine vom grauen Star bedrohten Augen hätte erfreuen können. Leidenschaftslos ließ er sich von unterschiedlichen Düsen die Waden, die Oberschenkel und den Bauch massieren.

Dann stieg Rudolf aus dem Wasser, er tropfte und seine Schwimmshorts hatten sich mit Solewasser vollgesogen. Die Sonne schien, doch nur mit Badebekleidung wäre es zu kalt gewesen, sich, so wie er es vorhatte, auf eine Liege zu legen und die Gnade des Zentralgestirns zu genießen. Er zog sich also seinen schwarzen Frottee-Bademantel von Hugo Boss an, der aber, nachdem Rudolf sich hingelegt hatte, sofort gierig das von der Badehose angesammelte Wasser aufsog und ihm eine unangenehme, nasskalte Empfindung im Rücken und dessen Verlängerung bescherte. Die Weltgesundheitsorganisation WHO hat 1946 Gesundheit als physisches, psychisches und soziales Wohlbefinden definiert. Das, was ihm hier gerade widerfuhr, konnte nicht viel mit dieser Definition zu tun haben. Und das geschah Rudolf, der doch besten Willens alles darauf angelegt hatte, diesen Tag seinem ganz persönlichen Wohlbefinden, also seiner Wellness, zu widmen. Er beschloss, diesen Zustand des Missbefindens zu beenden, zumal er sich auch zusehends in der Außenanlage langweilte. Er suchte die Herrenduschen auf, um dem Gesamtvorhaben doch noch einen würdigen Abschluss zu verleihen. Versunken in Gedanken und mit geschlossenen Augen stand Rudolf unter der Dusche und genoss das an seinem Leib herabströmende warme Wasser, als er für ihn unverständliche, durchdringende, jedoch menschliche Laute vernahm. Erschrocken öffnete Rudolf die Augen und er vermutete, dass sein Gesichtsausdruck sein spontanes Gefühl spiegelte. Vor ihm stand ein kleines, krummes, sehniges Männlein, das auf Rudolfs »Wie bitte« ein »Tach ook, hebb ich gesöächt« in gepflegtem Calenbergisch antwortete. Er gesellte sich unter die Nachbardusche und hatte offenbar ein Kommunikationsbedürfnis.

»Wir sind doch öaan Alter«, sagte der kleine Greis zu Rudolf, um mit ihm ins Gespräch zu kommen. Rudolf erwiderte: »Ich weiß ja nicht, in welchem Alter *Sie* sind.« Darauf der Alte: »Schätzen Se möal!« Rudolf wollte den Mann mutwillig enttäuschen, denn er kannte Situationen, in denen Menschen gern jünger geschätzt werden wollen, um ihre persönliche Eitelkeit befriedigen. Er sagte: »Achtzig!« »Neunundsiebzig«, erwiderte der Mann und wirkte dabei etwas ernüchtert; er hatte anderes erwartet. Vielleicht hatte er auf »67« gehofft und hätte sich dann über Rudolfs Verblüffung gefreut, wenn er dann »Ich bin aber schon 79« entgegnet hätte. »Also, da habe ich doch ganz richtig gelegen«, sagte Rudolf. Er war trotzdem nicht recht froh, denn der Mann hatte ihn ja in seinem eigenen Alter geschätzt. Während er sich anzog, quälten ihn zum ersten Mal Gedanken an sein eigenes Ende.

Rudolf war anschließend noch ein bisschen auf dem Wochenmarkt in Bad Nenndorf herumgelaufen und hatte sich um die verabredete Zeit im Vorraum des Bades eingefunden, um Brigitte abzuholen. Als er ihr von der Begebenheit in der Herrendusche erzählte, lachte sie laut und herzlich. Das trug nicht zur Verbesserung von Rudolfs Laune bei.

Das Brummtonphänomen

Nur wenige können es hören und empfinden es doch nicht als Privileg: Ein Brummen, das man besonders gut nachts wahrnehmen kann, wenn andere Geräusche verebben und verstummen. Nein, es handelt sich nicht um überdimensionale Mücken, wie man es bei mir vermuten könnte. Vor einigen Tagen hörte ich es zum ersten Mal. Ein tiefes, leises Brummen. Ich habe zwar einen piepsigen Tinnitus im linken Ohr, verfüge aber laut Aussage meiner HNO-Ärztin, nachdem sie einen Hörtest mit mir gemacht hatte, über ein gutes Hörvermögen. Ich neige zur Ohrenschmalzbildung. Ich folgerte: Eigenresonanzschwingungen hinter einem Pfropf. Ich reinigte, ohne hier auf Details eingehen zu wollen, beide Gehörgänge, ohne größere Mengen zu fördern. Der Brummton blieb. Er hörte sich so an wie das Brummen eines LKW-Motors vor der Haustür mit leichten Drehzahlschwankungen nach unten und oben. Ich war allein. Meine Frau war verreist. Ich schaute aus dem Fenster. Nichts! Baggerarbeiten in der Nacht wären auch ungewöhnlich, überlegte ich. Ich lauschte am Sicherungskasten. Er summte, aber er brummte nicht. Ich horchte an der Wand zum Nachbarn. Vielleicht seine zwanzig Jahre alte Tiefkühltruhe. Ich hörte nichts. Ich legte mich ins Bett. Ich schlief nicht ein. An Schlaf war einfach nicht zu denken. Es brummte: Sehr tief, nicht sehr laut. Sollte sich das Brummen in meinem Kopf abspielen? Ein neurologisches, womöglich psychopathologisches Problem? Könnte das so bleiben? Für immer? Erste Anzeichen von Panik. Ein dünner Schweißfilm bildete sich auf meinem Körper. Ruckartig setzte ich mich auf, verließ das Bett und ließ mich in meinem Arbeitszimmer vor dem Computer nieder. Wie so häufig dauerte mir das Hochfahren zu lange, aber keine Chance, den Prozess zu beschleunigen. Als es endlich soweit war, suchte ich als erstes einen Internet-Hörtest von der Firma Siemens. Mit angeschlossenen Kopfhörern absolvierte ich die Herausforderung. »Ihr Hörvermögen ist nicht eingeschränkt.« Als nächstes gab ich das Stichwort »Niederfrequentes Brummen« ein und landete bei Wikipedia bei »Brummtonphänomen«. Ich war nicht allein. Das Brummen, dessen Herkunft nicht benennbar ist, war bekannt. Es gibt Internetforen, in denen sich die Brummtonopfer über ihre Brummerfahrungen austauschen. Es handelt sich um ein Brummen mit ca. dreißig Hertz, also Schwingungen in der Sekunde, das von manchen der Forumteilnehmer schon seit Jahren gehört wird und schwere psychosomatische Symptome bei ihnen auslöst: Schlaflosigkeit, Erschöpfung, Depression. Andere sagten »Spinner« oder diagnostizierten Tieftontinnitus.

Am nächsten Tag versuchte ich, die Tiefe des Tones ohne Messgeräte, aber mit meinem Klavier auszuloten. Er lag zwischen dem tiefsten und zweittiefsten Ton des Klaviers, dem Subkontra A und dem Subkontra B. Ich rechnete und kam beim tiefsten Ton des Klaviers auf eine Frequenz von 27,5 Hertz. Ich rief beim Klavierhaus Bechstein in Hannover an, dessen Mitarbeiter ich kenne, der mir meine Berechnung, 440 Hertz – das ist der Kammerton A – dividiert durch zwei hoch vier bestätigte. Ich erklärte ihm sogar den eigentlichen Grund meines Anrufs und verursachte Nachdenklichkeit am anderen Ende der Leitung.

In Baden-Württemberg gab es Anzeigen gegen unbekannt, also den Verursacher des Brummtons und wissenschaftliche Messungen, die das Brummen bestätigen, dessen Herkunft aber nicht klären konnten. In Verdacht stehen Hochspannungsleitungen, Mobilfunksender, WLAN-Anlagen, Anlagen für Wärme-Kraft-Kopplung oder Erdstrahlen. Der Brummton existiert aber auch an Orten ohne elektrische oder elektronische Anlagen. Manche haben Killersatelliten der Amerikaner in Verdacht oder Außerirdische. Wie dem auch sei.

Vielleicht haben die Bagger, die im Sommer monatelang mit dem Bau einer klitzekleinen Straße in unserer Nähe beschäftigt waren, ihr Brummen verloren und einfach dagelassen, und zwar nicht feinstofflich, sondern feinenergetisch. Auch dicke Mauern können es nicht aussperren.

Ich versuche inzwischen, das Brummen als Musik zu hören. Ich liege im Bett und genieße den heimeligen und meditationsfördernden Ton wie eine Komposition von John Cage. As low, as slow and as long as possible: So tief, so langsam und so lang wie möglich. Das könnte die Aufführungsvorschrift für das Stück sein. Und die spannende Frage: Wann kommt der Tonwechsel? Vielleicht sollte auch jedes bessere Einrichtungshaus solche Brummtöne für das gepflegte Heim vorhalten. Wer's gar nicht mag, muss auswandern.

Zu meiner und der Beruhigung der Leser muss ich sagen, dass meine Frau das Brummen auch hören kann. Nun sind wir verreist, und das Brummen war weder in unserer Übernachtung noch in unserem Ferienhaus zu hören. Ich muss nicht in die Psychiatrie.

Und doch: Es brummt auch etwas an der Costa Blanca. Meine liebe Frau, nachts, im Doppelbett.

Voluptas

Sie stand vor dem Regal für Lippenstifte und Augen-Make-up. Es gab viel an ihr zu betrachten und zu würdigen. Sie war jung, groß, hatte langes brünettes Haar und dunkle Augen. Sie trug sehr knappe Hotpants oder Minishorts. Die leichte Bräune der ebenmäßigen Oberschenkel, die nicht zu dick waren, ein Po prall wie ein Porsche-Sitz, mit niedlichen Speckfältchen, lange Beine, deren Füße in zarten Römersandalen steckten. Die Zehen wie Babys mit rosa Köpfchen nebeneinander, jeweils ein großes und vier kleine in ihren Fußbettchen. Beim Anblick ihrer Brüste fiel ihm das Brüderle-Wort wieder ein: »Sie können ein Dirndl aber ausfüllen.« Das ausgefüllte Dirndl, der Traum aller älteren Herrn. Ihr Erdbeermund murmelte die Namen bekannter Kosmetikhersteller, Revlon, L'Oreal … Sie drehte das rechte Bein ein wenig nach innen, eine Bewegung in eine Position, die ihn entzückte. – Ein bisschen wie ein kleines Mädchen, das seinen jungen Charme ausprobiert.– Sollte Gott diese große schöne Frau als Modell, als Anschauungsideal geschaffen haben? Als Testfall für altes erektiles, phallisches Gewebe? Es durchschauerte ihn. Begannen hier nicht einem Voyeur die Sicherungen durchzubrennen, die Phantasie durchzugehen oder war das Rock 'n' Roll? War hier die unbewusste Laszivität der jungen Frau im Stande und im Begriff, intellektuell männliche Integrität zur Makulatur werden zu lassen? Bildeten sich nicht schon Speichelfäden in den Mundwinkeln des heimlichen Zuschauers? Sehr lange konnte er jetzt nicht mehr am benachbarten Zahnpasta-Regal verweilen und so tun, als ob er die Corega-Tabs-Packungen inspizierte, und aus dieser Tarnung immer mal wieder einen heimlichen Blick auf diese voluptische Göttin werfen. Denn er würde riskieren, dass die junge Frau ihn bemerken und ihre schönen Augen nach oben zur Decke drehen würde, um ihm ihre Verachtung zu demonstrieren. Und sich lächerlich machen, war das Schlimmste. Er griff hastig ins Regal und warf eine Doppelpackung Elmex/Aronal in sein Warenkörbchen aus Drahtgeflecht und begab sich zur Kasse. Er legte die Zahnpasta auf das Kassenlaufband, zahlte, wurde noch nach seiner Payback-Karte gefragt, verließ den Drogeriemarkt durch die elektrisch betriebene automatische Schiebetür, die den Menschen heute so selbstverständlich geworden ist, und eilte über den Parkplatz zu seinem Wagen.

Fahrradfahren

Fahrradfahren ist in mehrfacher Hinsicht eine gute Sache

Wir können unser Zimmer in unserem Drei-Sterne-Luxushotel im Leipziger Stadtteil Leutzsch bereits um die Mittagszeit beziehen. Es sollen drei aufregende Tage des Fahrradfahrens am Fluss Elster werden. Wir haben unsere beiden Fahrräder an unserem Fahrzeug befestigt, dessen Herstellername mit einem »V« beginnt und einem »W« endet, (also »Volvow«) – mithilfe eines Original-VW-Fahrradhalters, der wiederum an die versenkbare Anhängerkupplung montiert wird. Das Fahrzeug wird übrigens von einem Diesel-Aggregat angetrieben, so dass die Menschen in meiner Straße bereits »Mörder« hinter mir herrufen.

Verrückt nach Fahrradfahren fahren wir mit unseren Rädern Huckepack zum Leipziger Sportforum, an dem die Elster vorbeifließt, und von wo wir uns einen hervorragenden Einstieg in den Elster-Radweg erhoffen, um das Flüsschen ein wenig Richtung Norden zu begleiten. Ich parke das Auto und hole die Räder, die an die Halter angeschlossen waren, herunter. Darauf schließe ich die Halter wieder ab. Wir setzen uns frohgemut auf unsere Velos, müssen aber gleich eine Frau, die ihren Hund ausführt, nach dem Weg fragen. Aufgrund meines Einwands bei der Planung, wer denn schon Radkarten brauche, doch nur ängstliche Weicheier, sind wir auf unser geografisches Gespür, ja unseren Instinkt, angewiesen. Wir sind ein bisschen enttäuscht, als wir das in unserer Vorstellung romantische, von alten Bäumen gesäumte Flüsschen schließlich sehen. Es ist in der Realität in Beton gefasst und strömt in seinen ausgeräumten Überschwemmungswiesen dahin. Die Leipziger sind von Hochwasserängsten geplagt. Wir fahren mehrere

Kilometer an der Elster entlang. Es hat in der Nacht geregnet, die Wege sind aufgeweicht, der Himmel hat sich zugezogen und überzeugt mit Variationen von Grau. Herbstanmutung. Da, ein Blickfänger! In einer Pfütze liegt eine ertrunkene Weinbergschnecke. Kurz vor Schkeuditz gelangen wir in einen Auenwald, wie er nur noch selten zu sehen ist. Bäume, die von Zeit zu Zeit nasse Füße bekommen. Nachdem wir den Wald verlassen haben, gelangen wir über ein durchrüttelndes Kopfsteinpflaster, über das schon Richard Wagner geschimpft hat, in das Städtchen Schkeuditz. Hier wollen wir eine Rast einlegen, mit einem Cappuccino vielleicht oder mit einem Eis, nach einer Stunde Fahrt. Wir halten. Meine Ehepartnerin fragt mich unvermittelt, wo denn der Autoschlüssel sei. Es entspannt sich ein Dialog, der alles andere als entspannt ist. »Den hast du«, gebe ich zur Antwort. Damit ist man für kurze Zeit die Verantwortung los. »Und warum willst du das überhaupt wissen?« Möglicherweise ein Ablenkungsmanöver meinerseits. »Du bist gefahren!«, sagt meine Frau, nachdem sie ihre sämtlichen Taschen und Behältnisse durchsucht hat. Nun ist es an mir, meine Hosentaschen zu überprüfen. Für gewöhnlich bewahre ich den Autoschlüssel in meiner linken Hosentasche auf. Kein Schlüssel. Rechts: Kein Schlüssel. Hektische Suchbewegungen meinerseits in meiner Fahrradjacke – Brusttasche, links, rechts, geheim – nichts. Panik steigt in mir auf. Ich bekomme Visionen. Ich werde überschwemmt von dystopischen Szenarien. Meine Frau hat eine andere Hypothese als ich. Sie meint, ich hätte den Schlüssel verloren. Ich meine, ich hätte ihn im Zündschloss stecken gelassen. An eine erholsame Kaffeepause ist nicht mehr zu denken. Wir beschließen, den Weg zurückzufahren und zwar genau denselben Weg. Meine Frau mit auf den Boden gerichteten Augen, um den verloren geglaubten Schlüssel zu finden. Hypothese II »Schlüssel stecken gelassen« wirft die Frage auf, wie soll man um Himmels willen in einer fremden Stadt den eigenen Wagen aufbekommen, wenn das Auto sich mit dem Schlüssel im Zündschloss selbst verriegelt hat. Mir schwirren Gedanken um elektronische Codes im Kopf herum, während ich wie von Furien gehetzt in die Pedale trete. Den Händler in Hannover anrufen, und dann? Das Handy befindet sich im Fahrzeug. Hypothese III: »Der Schlüssel steckt im Zündschloss, das Auto ist unabgeschlossen, und ein kecker Bursch, der diesen Umstand wahrnimmt, öffnet die Fahrertür und braust davon.« Auch ein unguter Gedanke. Ich schwitze vor körperlicher Anstrengung, aber auch psychischer Anspannung. Und ich bin schuld. Wir sind auf dem Rückweg erheblich schneller als auf dem Hinweg. Schkeuditz, Leutzsch, Plagwitz, Großzschocher, Sorkwitz, Groitzsch, Kötschlitz, der Sachse liebt Zischlaute mit »tz« und »sch«. Hilde fährt einmal um den Auensee, immer die Augen auf den Boden geheftet. Ich zittere, dass sie nicht verunfallt. Es sind jetzt nur noch wenige hundert Meter. Ich stürme voran. Meine Oberschenkelmuskeln brennen, sind zum Bersten gespannt. Ich kann einen Blick erhaschen. Das Auto ist noch da. Hypothese III ist hinfällig. Am Fahrzeug angelangt bremse ich heftig. Das Hinterrad bricht aus. Ich balanciere aus, ich komme nicht zu Fall. Ich eile zur Fahrertür. Nichts zu sehen, das Wageninnere ist zu dunkel. Ich haste zur Beifahrertür. Ich sehe den Schlüssel im Zündschloss. Ich versuche die Tür zu öffnen. Sie gibt nach. Triumphierend schwenke ich die Tür auf, meine Lebensgefährtin kommt um die Ecke. Ich bin sehr erleichtert. Die VW-Ingenieure haben die Schließmechanismus-Software so programmiert, dass bei steckendem Schlüssel sich das Fahrzeug nicht nach einer Karenzzeit selbst verriegelt. Und niemand ist mit unserem Auto weggefahren. Mehrere Steine fallen mir vom Herzen. Wir radeln südwärts bis zum Palmengartenwehr und senken Puls und Blutdruck, während wir bei einer Tasse Cappuccino und einem kleinen Eis für mich am Elsterstrand sitzen.

Brot und Bier

Im Folgenden wird es nicht um Brot und Spiele, Kuchen und Wein – siehe Rotkäppchen – und auch nicht um Brot und Rosen gehen. Es war Viertel vor sechs. Beste Zeit für das Abendbrot. Doch es war übereinstimmend festgestellt worden, dass kein Brot mehr im Hause war. Ebenso wurde konstatiert, dass eine Flasche Bier ein hervorragender Begleiter zu Brot, hessischer Roter Wurst, Blut- und Leberwurst sein könnte. Ich meldete mich freiwillig, im Naturkostladen das Fehlende einzukaufen. Ich bestieg mein treues Fahrrad und fuhr zügig – manche sagen, ich führe so, wie eine Wespe fliegt – in die Innenstadt zum Naturkostladen. Nachdem ich mein Rad, ohne abzuschließen, vor der Tür des Ladens abgestellt hatte, wenn man's eilig hat, und betrat ihn beschwingten Schrittes. In der Getränkeecke wurde ich fündig und bewegte mich mit zwei Flaschen Bio-Pils in Richtung Kassentresen, an dem es auch köstliches Brot zu kaufen gibt. Ich entschied mich für ein Roggenbrot mit Saaten. An der Kasse schenkte mir eine Dame noch einen wertschätzenden Blick. Das mag mich so verwirrt haben, dass ich draußen vor der Tür einen verhängnisvollen Fehler beging. Ich hängte den mit Brot und Bier befüllten Stoffbeutel an den Lenker und schwang mich behände auf den Sattel meines Rades. Im gleichen Augenblick verfing sich der pendelnde Beutel zwischen den Speichen des Vorderrads, blockierte es, und ich stürzte mitsamt Fahrrad zu Boden. Meine innere Uhr meinte, es geschähe in Zeitlupe, mein Ich meinte, das passiert jetzt nicht mir, das ist nicht die Realität. Doch ich schlug hart auf dem Boden der Tatsachen auf, und das tat verdammt weh. Ich wälzte mich geschmeidig wie eine Katze zur Seite, um nicht länger den Lenker zwischen den Rippen spüren zu müssen. Ich schaute nach oben. Im Abendhimmel tauchten Köpfe auf. Im nu war ich umringt von hilfsbereiten Menschen. »Können wir Ihnen helfen?« »Sollen wir einen Arzt rufen?« »Soll ich Ihnen aufhelfen?«, fragte ein leicht dicklicher junger Mann, dessen Herkunft ich blitzschnell und messerscharf im mittleren Osten verortete. Ich konnte noch eine junge Frau mit einem Mountainbike wahrnehmen, die ein sehr erschrockenes bis entsetztes Gesicht machte, einen Jungen mit tiefbraunen Augen und schwarzem Haar im Undercut-Stil – hier sagt mir Office, es sollte vielleicht »ungedruckt« oder »Unrecht« heißen – und einen alten Herrn, der vorher auf einer Bank die Abendsonne genossen hatte. Der erwähnte junge Mann zog mich hoch, indem er meine beiden Hände nahm. Nachdem ich stand, überprüfte ich meine körperliche Verfassung. Mir schien nichts geschehen zu sein, außer, dass ich ganz zittrige Knie hatte. Ich bedankte mich in die Runde und versicherte sie, dass mir nichts fehle. Ich überprüfte meinen Beutel. Das Bier hatte den Sturz heil überstanden. Ich teilte das dem alten Herrn mit.

Der meinte, das wäre ja auch das Wichtigste. Ich wollte hier noch erzählen, dass es mich nicht das erste Mal vom Fahrrad geworfen hat. Und es war nicht immer so glimpflich. Einmal Finger gebrochen, einmal Schultergelenkssprengung mit zwei gerissenen Bändern. Tossy III. Also noch mal Glück gehabt. Und dankbar bin ich, dass so schnell Menschen da waren, die sich um mich gekümmert haben. Das hat meinem Glauben an die Menschen wieder ein wenig aufgeholfen.

Das anschließende Abendbrot war delikat und auskömmlich.

Mit Beton geboxt

Noch im Fallen verpasste ich dem Gegner mit der Linken einen Haken, bevor ich, nur noch durch mein Embonpoint gebremst, endgültig zu Boden ging und benommen, alle Viere von mir gestreckt, auf dem harten Betonboden lag, gefällt wie ein Baum. Gnädige Botenstoffe verschleierten meinem Gehirn noch die Schwere meiner Verletzungen. Ich lag im Staub wie Achilles vor Troja, denn die gleichnamige Sehne hatte auch etwas abbekommen.

Was war geschehen? Wir hatten eine der Gesundheit förderliche Radtour gemacht. Ohne Karte, im besten Sinne querfeldein, am 1. September, dem Jahrestag des deutschen Überfalls auf Polen. Ein Feldweg endete mitten im Feld, im Nichts! Sabotage? Wir meinten, in einiger Entfernung einen neuen Weg zu sehen. Man musste einen frisch gepflügten Acker überwinden, mit dem Fahrrad, schiebender Weise. Staubige Ackerkrume bröselte in meine Halbschuhe und versah sie mit einer graumehligen Schicht. Eine große Betonplatte über einen Bach kam in Sicht, die für Traktoren zur Feldbearbeitung vorhanden war. Für uns eine Möglichkeit, das Rinnsal zu überwinden und auf den nächsten Feldweg zu wechseln. Lässig schob ich mein 21-Gänge-Rad mit einer Hand durch das schwierige Gelände, in meiner Linken einen Apfel, den ich von einem Chausseebaum gepflückt hatte und von dem ich von Zeit zu Zeit abbiss. Zwischen Feld und Platte gab es einen Niveauunterschied von vielleicht fünfzehn Zentimeter. Ich wollte das Vorderrad auf die Betonplatte schieben, doch der Lenker stellte sich quer. Ich ließ das Rad fallen, ich strauchelte, ich schlug der Länge nach hin. Alles Weitere siehe oben. Betäubt rappelte ich mich wieder auf und weiter ging's, nachdem ich mir den Staub von Hose und Hemd geklopft hatte. Doch sowohl linke Ferse als auch linke Hand schmerzten so, dass ich die Tränen kaum unterdrücken konnte. Es blieb nichts anderes, als die Heimfahrt anzutreten und daheim die Blessuren in genaueren Augenschein zu nehmen. Der 1. September war ein Samstag. Bis zum Dienstag litt ich. Doch mein Leiden nahm kein Ende. Der Dienstag sollte der Tag des Hecke- und Baumbeschneidens sein. Doch das Gewicht der elektrischen Heckenschere belastete auch meine linke Hand und potenzierte augenblicklich die ihr, der Hand natürlich, innewohnenden Schmerzen. Meine mir angetraute Lebensgefährtin mutmaßte Drückebergerei, als ich aufstöhnend das Gartengerät sinken ließ. Ich hatte die Verletzung meiner Linken bis hierhin noch für eine zwar schmerzhafte, aber harmlose Verstauchung gehalten. Nun wollte ich aber Gewissheit und ließ mir für den nächsten Tag einen Termin beim Allgemeinarzt geben. Die freundliche Ärztin hatte sogar eine Praktikantin an ihrer Seite. Sie besah sich meine Hand und eher oberflächlich meine Achillessehne und schrieb mir eine Überweisung für die ortsansässige Unfallchirurgin, weil diese über einen Röntgenapparat verfügt. Ich müsse mich aber sputen, denn es war Mittwoch und mittwochs praktizieren Ärzte nur bis zum Mittag – wie jedermann weiß. Ich eilte nach Hause, so schnell ein an der Achillessehne verletzter Mann halt eilen kann, und setzte mich auf meinen Kymco 125 People S, um nicht den langen Weg zur Chirurgin zu Fuß zurücklegen zu müssen.

Allein im dunklen Raum mit der großen Röntgenmaschine, im Lichtstrahl nur die malträtierte linke Hand, und einem kurzen Summen der tödlichen Strahlen, hatte ich Gelegenheit über mein ungnädiges Schicksal nachzudenken. Wie blöd kann man sein, um sich so eine unnötige Verletzung zuzuziehen. Bevor ich mich dieser Prozedur durch die harten Strahlen unterzog, hatte ich den Auftrag von strengen Arzthelferinnen bekommen, mich meines auf der linken Hand am Ringfinger getragenen Eherings zu entledigen. Dafür kam nur die Praxistoilette in Frage. Denn da gab es warmes Wasser und Seife, um den Reif, das Jugum, das Symbol der Treue und Verbundenheit unter unsäglichen Mühen abzustreifen. Schon unter normalen Umständen ist es schwierig, den Ring vom Finger zu kriegen. Jetzt war er um das Doppelte geschwollen, zusammen mit einem vermuteten Bruch der Hand. Ich zerrte mit übernatürlichen Kräften. Um nicht animalisch laut aufschreien zu müssen, biss ich mir mit solcher Heftigkeit auf die Zähne, dass die porzellanartigen Verblendungen meiner Brücken Haarrisse bekamen. Endlich hatte ich ihn herunter, ich gequälte Kreatur, und er kullerte unter feinem Klingeln die Bodenfliesen entlang, bis er sich in einer Ecke beruhigte. Ich atmete schwer und wollte es ihm gleichtun.

Blass und mit feuchtem, schütteren Haar wurde ich in ein kleines Zimmer geführt und mir ein Stuhl angewiesen. Frau Doktor kommt gleich. Das mit dem »Gleich« hat nicht gestimmt. Ich schaute mir derweil Lehrtafeln über den menschlichen Knochenbau an den Wänden an, um die Zeit nicht ungenutzt verstreichen zu lassen. Schließlich betrat eine Frau mit großen, freundlichen, braunen Augen zusammen mit einer Helferin den Raum. Sie ließ sich kurz den Hergang schildern, den ich hier nicht wiederholen muss, und schaute dann auf den Bildschirm ihres Computers, auf dem das Röntgenbild meiner linken Hand zu sehen war. MHK 5, Bruch des 5. Mittelhandknochens, also des kleinen Fingers. Eine Boxerfraktur. Sie wies die zarte, brünette, junge Frau an, mir eine Schiene über das Handgelenk zu formen, mit dem entsprechenden Verband, unter Freilassung von Daumen und Zeigefinger und unter einem Neunzig-Grad-Winkel der restlichen drei Finger im Verband. Früher hätte man Fräulein zu der freundlichen jungen Frau gesagt. Der rechte ihrer zarten Oberarme war von einem Schrift-Tattoo bedeckt, sicher eineinhalb Zentimeter hoch, das ein wenig verschnörkelt »Live and let die« sagte. Sehr tröstlich, wie ich fand. Wir sprachen über den gleichnamigen James-Bond-Film und den von Paul McCartney komponierten und gesungenen Titelsong. Ich hatte den Eindruck, sie wusste nicht so genau, was sie sich auf den Arm hatte tätowieren lassen. Tattoos haben so gar nichts mehr von den Hautbildern von Knastbrüdern, und die Helferin erzählte mir auch noch ganz arglos, dass ihre Mama das gleiche auf ihrem Arm trage. Mir ging es schon viel besser. Nach drei Wochen sollte ich wiederkommen, trug man mir auf. »Das geht nicht«, rief ich noch.

Draußen stand mein Kymco 125 People S. Doch wie fährt man einen Roller mit einer eingegipsten Hand?! Ich tat's, fuhr sehr langsam und hoffte, die Springer Polizei würde nicht im ungelegenen Augenblick das Auge des Gesetzes auf mich werfen.

Nach knapp zwei Wochen nahm ich die Schiene einschließlich Verband mit Hilfe meiner lieben Frau schon vor dem Arztbesuch ab. Meine linke Hand war wie ein Stück Totholz, wie eine welke Rose, schmerzend und unbeweglich.

Eine neuerliche Röntgenaufnahme zeigte einen gut verheilten Bruch, und ich erhielt das ärztliche Placet für meine Ferienreise. Ich sagte der Frau mit den großen, freundlichen Augen, dass ich ein Gott am Klavier sei, zumindest sage meine Gefährtin immer »Ach Gott«, wenn ich mich ans Klavier setzte, und dass Alfred Brendel alt neben mir aussähe, na ja, rein optisch. Ich fragte, ob ich denn wieder Klavier spielen könnte, so, wie vorher. Ich hatte es schon ausprobiert und war schmerzerfüllt gescheitert. Das könne sie mir zusagen, ohne auf die Röntgenaufnahme zu schauen, erwiderte mir die Unfallchirurgin.

Sieben Wochen nach meinem Sturz, noch in der Fremde, die mir fast Heimat ist, ist meine Hand immer noch nicht schmerzfrei und nicht so beweglich, wie ich mir das wünschte. So mahne und warne ich alle, die es vorhaben, mit Beton zu boxen: Es geht schlimm aus. Es sei denn, man heißt Doktor Eisenfaust Wladimir Klitschko. Der hätte ein Loch in die Platte geboxt.

Zoologie

Kröte Käthe

Wir hatten einen ausgedehnten Spaziergang durch den nahegelegenen Weinberg gemacht, nicht ohne ein paar Trauben und Granatäpfel mit nach Hause gebracht zu haben. Ich war müde und hatte mich auf mein Lager gelegt. Nachdem ich noch kurz über das Böse nachgedacht hatte, fiel ich in einen leichten, unruhigen Schlaf. Emily war am frühen Nachmittag in den Vorgarten gegangen, der, von Zypressen umrahmt, eine Reihe von mediterranen Pflanzen beherbergt, unterbrochen von in der Landschaft gesammelten Steinen. Dadurch unterscheidet er sich sehr von dem unseres Nachbarn, der die Fläche der Einfachhalt halber mit weißem Kies aufgefüllt hat. Meine Carina lockerte mit einer Handharke den Boden, deren dumpfe Geräusche in meine Alpha-Phase plumpsten. Plötzlich war etwas anders. Ich hörte leichte, schnelle Schritte, und in einer bestimmten, etwas atemlosen Stimmlage, die nur außerordentlichen Ereignissen vorbehalten ist, rief sie: »Harald, schnell, da ist ein Tier!« Ich rappelte mich auf. Ich folgte der Gärtnerin, und sie sagte: »Du wirst es wahrscheinlich gar nicht sehen!« Vor dem Beet stehend zeigte Emily in eine Richtung, und ich folgte dem Zeigefinger mit meinen Blicken. Tatsächlich sah ich zunächst nichts. Dann erblickte ich sie: Eine gute Männerfaust große Erdkröte, schön braun-weiß-grau gesprenkelt, so dass sie hervorragend getarnt war. Sie hatte braune, zauberische Augen, die ein bisschen wie Kaffeebohnen aussahen und Hauterhebungen, wie es sich für eine Kröte gehört. Meine Carina hatte sie bei der Gartenarbeit entdeckt. Ich näherte mich der Kröte sehr vorsichtig, um sie nicht zu erschrecken. Und Kröte Käthe – so nannte ich sie vorläufig – verließ sich auf ihre perfekte Tarnung. Sie bebte, sie atmete schwer, aber sie lief nicht davon. Ich machte mit der Digitalkamera ein Foto von ihr. Zunächst dachte ich an die verwunschene Wasserfrau Jana, doch die fließenden Körperlinien mit wenig Taille ließen mich dann doch an die Bundeskanzlerin denken. Den ganzen Nachmittag hielten wir uns an unserem Esstischchen in der Nähe des Vorgartenbeets auf, um nichts von unserem Gast zu verpassen. Es passierte so gut wie nichts. Kröte Käthe hob einmal die linke Vorderextremität. Dann arbeitete sie sich mit ihrem Hinterteil etwas stärker in den Boden ein. Sie wollte es aussitzen. Immer wieder schauten wir an den Ort, wo unsere Erdkröte sich niedergelassen hatte. Wir waren auch ein bisschen stolz, dass sie sich bei uns verschnaufen wollte. Immer wieder mussten wir genau hinsehen, um das Tier auszumachen und das glückte meistens erst im zweiten Anlauf. Stundenlang saßen wir auf unserem Beobachtungsposten.

Die Dämmerung begann sich auszubreiten. Wir begaben uns ins Innere des Hauses. Mir ließ unser Gast draußen keine Ruhe. Immer wieder ging ich mit meiner Taschenlampe hinaus und schaute nach ihr. Jedes Mal war sie noch da. Ich hatte darüber nachgedacht, was sie wohl in unserem Beet erledigen wollte. Die Biologie der Erdkröte war mir nicht präsent. Wollte sie ein Eipaket hinterlassen? Aber es war Herbst und auch kein Wasser in der Nähe, das Amphibien für ihre Entwicklung brauchen. Vorm Zubettgehen ging ich noch einmal in die Dunkelheit, um nach der Kröte Käthe zu schauen. Sie war verschwunden. Ich suchte ein bisschen die Umgebung ab, um sie vielleicht ausfindig zu machen. Vergeblich. Ich leuchtete noch einmal dahin, wo sie gesessen hatte. Eine Hinterlassenschaft. Sie glänzte. Sie war groß, braun und gut abgeformt. Sie sah aus wie ein Kröten-Stoffwechselendprodukt. Augenblicklich war klar, womit sich die Kröte den ganzen Nachmittag und den halben Abend beschäftigt hatte. Wie sagte der vorletzte Kanzler einmal: Es kommt darauf an, was hinten rauskommt.

Aus dem Zyklus: die größten Plagen der Menschheit

Wer kennt es nicht: Ein hohes, feines Summen in der Nacht. Sehr zart, aber auch Unbill verheißend. Es versetzt mich von dumpfem Halbschlaf blitzartig in einen Hellwachzustand. Mückenalarm! Die klammen Finger der rechten Hand tasten das Kabel der Nachttischlampe – nackte Schlampe, wie ich in anderen Lebenslagen gern einmal scherzhaft sage – entlang bis zum Schalter. Spot an! Sechzig starke Watt blenden meine Schlafaugen. Durchatmen, das klopfende Herz beruhigen. Die Abwehrmaßnahmen vorbereiten. Die Ausrüstung: Die zum Suchscheinwerfer umfunktionierte Lampe, die blutige Fliegenklatsche, blutig von eigenem Blut aus zerquetschten Leibern von vergangenen Jagden. Mir geht es wie Fausts Gretchen: Mein Ruh' ist hin, aber aus anderen Gründen als bei der sympathischen Blondine aus Goethes Drama.

Ich vertraute auch einmal auf ein elektronisches Abwehrsystem, das man einfach in eine Steckdose steckte. Es entpuppte sich als ein Gerät, das die Neugier der kleinen Plagegeister noch anstachelte, anstatt sie fernzuhalten. Ich probierte chemische Abwehrmittel, die mich aufgrund ihres penetranten Geruchs eher vor mir selber davonlaufen ließen, hätte ich es denn gekonnt, als Mücken zu vertreiben. Dann gab es Mückengitter, Deckenventilator, diverse Vorhänge, ein Moskitonetz über dem Bett, das Atemnot und Albträume verursachte. Es war alles Tand, Gebild' von Menschenhand. Ich suche meine Brille. Ohne Brille keine Jagd. Da ich mich für gewöhnlich ohne Brille zur Ruhe lege – nur einmal erwachte ich aus Unachtsamkeit mit zerdrücktem Gestell – muss ich sie erst suchen. Schon habe ich sie entdeckt, nach kaum fünf

Minuten. Ich inspiziere mit Hilfe meines Suchscheinwerfers auf der Bettkante sitzend ruhig Wände und Decke der kleinen Schlafkammer. Nichts zu sehen. Ich stehe auf. In gespannter Haltung mache ich meine Runde. Meine Pyjamahose rutscht bedenklich. Nicht, dass ich mich verheddere und falle. Immer muss ich so sehr auf mich achtgeben. Meine Suche bleibt leider ohne Ergebnis. Ich beschließe, mich wieder hinzulegen. Ich lösche das Licht der lustig verdrehten Nachttischlampe, schließe die Augen und beginne, meine innere Mitte zu suchen. Da ist sie wieder. Ich erkenne sie an ihrem feinen Stimmchen. Sie singt für mich. Eigentlich ist es ihr schneller, von Schwingkölbchen gesteuerter, Flügelschlag. Mit raschem Griff erreiche ich den Schalter. Licht an: Ruhe und keine Mücke zu sehen. Licht aus: Feines Summen, auch keine Mücke zu sehen. Soll wirklich alles wieder von vorn losgehen?

Ich beginne umzudenken. Ist es denn so schlimm? Ja, am Anfang ist es ein scharfes, helles Jucken mit körpereigner Histaminausschüttung und Schweißausbruch. Dann entstehen kleine rote Beulen an den Waden oder anderswo, die lange jucken. Ist das nicht zu verschmerzen? Was ist das für ein Aufwand, wenn ein Koloss mit der hundertmillionenfachen Masse – das ist eine Eins mit acht Nullen – einer Mücke stundenlang in der Nacht herumtappt mit einer lächerlichen Fliegenklatsche in der Hand, der erst in der Morgenröte in einen unruhigen Schlummer fällt und der sich am Tag wie ein körperliches und seelisches Wrack mit schwarzen Ringen unter den Augen fühlt. Der ein kleines Wunderwesen, das nur seinem evolutionären Auftrag gehorchend, viele Nachkommen zu erzeugen, folgen will, zu zerquetschen beabsichtigt. Ein Wesen, übrigens nur die Weibchen, das fürsorglich eine fein abgestimmte Menge Betäubungsmittel und blutverdünnende, die Gerinnung verhindernde Substanzen für den Einstich vorhält, ausgerüstet mit einem ausfahrbaren Saugrüssel und hochsensiblen Sinnesorganen zur Ortung der Beute. Ein kleines, anmutig elegantes Geschöpf der Natur gegen einen dicken Tölpel, der zudem noch oft genug von seinem Tinnitus, seinem

Ohrgeräusch, den Flug einer Mücke vorgegaukelt bekommt. Ich muss meine Einstellung ändern! Es kommt darauf an, es geschehen zu lassen, ja, es vielleicht sogar genießen zu können, ein Teil des Großen und Ganzen zu sein. Im Grunde meines Herzens denke ich: Wir Lebewesen müssen zusammenhalten, der kleine Vampir und ich. Beruhigt schlafe ich ein. Ich träume von taubengroßen Mücken im Abendlicht, die freundlich von ihren künftigen Kindern plaudern und ihre Rüssel behutsam und liebevoll in meine Adern stechen. »Ich geb's gern«, murmele ich.

Im Dialog mit dem Frosch

In unserer Nachbarschaft gibt es einen kleinen Teich, der in lauschigen Frühjahrsnächten der Schauplatz großer Schallentwicklung ist. Bei den Urhebern handelt es sich um eine Gruppe von Teichfröschen. Die Männchen knattern und quaken, um die Weibchen auf sich aufmerksam zu machen und sich darauf mit ihnen zu verpaaren. Diese muntere Froschpopulation verstummt allmählich wieder, nachdem das Nachwuchsgeschäft erledigt ist. Indes gab es einen Einzelgänger, der möglicherweise von anderen Männchen gemobbt wurde, oder einfach nur mit einer größeren Froschansammlung nichts anfangen konnte und sich deshalb auf die Wanderschaft begab. Er wanderte sicher zweihundert Meter bis zu unserem klitzekleinen Teich, der über einen Durchmesser von ca. 1,20 Meter verfügt und höchstens dreißig Zentimeter tief ist. Im Frühsommer war er ausgetrocknet. Aber der ergiebige Regen über mehrere Tage hatte ihn bis zum Rand gefüllt. Direkt daneben befindet sich unsere altersschwache Kräuterspirale im Trockenmauerstil, die wie eine Burgruine in die vielfältige Gartenlandschaft ragt. In ihr residiert ein Mäusekönig mit seinem Gefolge. Er heißt Apodemus agrarius. Der Froschmann nun machte sich in unserem Gewässer, in unserem Wässerchen – der Russe sagt Wodka – heimisch. Er hat ganz spezielle Plätze, an denen er sich sonnt und Insekten auflauert. Er ist wunderschön. Er ist grün-beige-braun-weiß gestreift und gesprenkelt und hat schwarz-dunkelgelbe Schenkel. Ich mag ihn. Er ist mir ähnlich. Teile des Froscherbguts weisen eine große Ähnlichkeit mit dem des Menschen auf. Er ist bilateralsymmetrisch. Er hat zwei Augen, zwei Vorderextremitäten, zwei kräftige Schenkel. Und er spricht. Ein bisschen. Von Zeit zu Zeit lässt er, sowohl tagsüber als auch in der Nacht ein ganz zartes Quaken hören. Ich kann ihn auch nachts hören, weil ich es liebe, mein Fenster sperrangelweit offen stehen zu lassen. Häufig schleiche ich mich zu unserem Wässerchen, um ihn zu beobachten. Das ist nicht so leicht, wie man meint. Erstens hat er natürlich ein perfektes Tarnkleid. Mein Froschmann ist in Camouflage. Man muss lange das Auge schweifen lassen, bis man ihn entdeckt. Er hat ein Schnäuzchen, das der Vorderfront des VW-Käfers ähnelt. Dabei ist er doch ein Frosch und kein Käfer. Und er spürt feinste Erschütterungen. Falls er sich außerhalb des Wassers befindet, wenn man sich seinem Teich vorsichtig nähert, springt er im beherzten Kopfsprung unter Zuhilfenahme seiner kräftigen Hinterextremitäten mit einem vernehmlichen Platsch ins Wasser und versteckt sich im Schlamm oder zwischen den üppig wachsenden Algen. Manchmal reagiert er aber weder auf Schatten noch auf Erschütterungen, sondern bleibt seelenruhig am Ort und lässt höchstens einmal den Kehlsack flattern. Ich weiß nicht, warum er mal übervorsichtig reagiert und sich mal unerschrocken von mir betrachten lässt. Eines Tages meinte ich einen zweiten Frosch gesichtet zu haben. Binnen Kurzem gab es ihn aber nicht mehr im Revier. Ich denke, der Erstbesiedler hat ihn vertrieben. Dem Teichfrosch wird aber auch Kannibalismus zugeschrieben. Ich tappe im Dunkeln. Es sind auch schon Froschmännchen beobachtet worden, die Froschmännchen befruchten wollten. Der Frosch kennt also Homosexualität, wenn auch wahrscheinlich nur versehentlich. Ich muss noch von einem Drama berichten. Wir hatten mal eine Katze mit Namen Sunny, obwohl sie kohlrabenschwarz war und bernsteingelbe Augen hatte. Die hatte vor Jahren einen Kollegen, also einen Frosch, in unserem Wässerchen erwischt und ihn fachmännisch zerlegt aber nicht gefressen. Seine Einzelteile lagen auf dem Rasen zerstreut. Köpfchen, Darm und Froschschenkel. Dieser Frosch war eigentlich besonders intelligent. Deswegen war es auch schade um ihn. Er setzte sich an prominenter Stelle auf die Kräuterspirale und zwar unter eine

Blütenpflanze, die gut von Insekten besucht wurde. Er konnte seine Beutetiere geradezu pflücken. Ich war ziemlich sauer auf unsere Katze. Aber wahrscheinlich kann man ihr ihren Jagdinstinkt nicht zum Vorwurf machen. Natürliche Feinde hat *mein* Froschmann nicht mehr. Die Katze ist tot und es gibt keine Storchsichtungen in Springe. Ich hoffe, unsere Kameradschaft hält noch ein bisschen an, und er erzählt mir nachts noch mehr amphibische Geschichten.

Familie Zeck und die Deutsche Borreliose-Gesellschaft

Im 2011er Jahr war's, dass wegen des milden Dezembers die Familie Zeck gar nicht in den Winterschlaf gehen wollte. Die Zecks wohnten in einer Nordmanntannen-Anpflanzung in Eberholzen, Sieben Berge. Munter turnten Vater Leopold Zeck, Mutter Clementine und die Kinder Zecki, Kaspar und Cilly auf den Tannen herum, natürlich immer auf der Hut, ob ein Reh, ein Hase oder gar ein Wildschwein zufällig vorbeikamen und zu einer, nun sagen wir, nicht ganz freiwilligen Blutspende für die Zecks bereit waren. Dann konnte man sich das Bäuchlein rund saugen, man hatte es warm, und wann immer er Lust hatte, ließ sich der Zeck wieder fallen und schaute, wo die anderen waren. Was die Zecks nicht wussten, war, dass ihre schöne Wohngegend aus zukünftigen Weihnachtsbäumen bestand, die ihren großen Tag am 24. Dezember hatten, dem Geburtstag des Religionsstifters der Christenheit. Kenn' ich nicht, hätte Vater Leopold posaunt, hätte man ihm das erzählt. Eigentlich wurden die Tannen aber getötet, indem man sie von ihrer Lebensgrundlage, dem Waldboden, brutal abtrennte. Und eines Tages kamen Männer in den Wald, die Motorsägen dabeihatten, die wiederum blaue Abgaswolken in die Luft pusteten und einen Riesenlärm machten. Leopold, Clementine, Zecki, Cilly und Kaspar erschraken sehr und versammelten sich wegen des Familienzusammenhalts auf einer allerdings besonders schönen Tanne mit bester Wohnzimmerhöhe von 2,20 Meter. Der Forstgehülfe, der sie entdeckt hatte, sprach zu sich, die ist so schön, die behalt' ich selber und legte sie sich zur Seite, nachdem er sie gefällt hatte.

Endlich waren alle dafür vorgesehenen Tannen gefällt und wurden aus dem Wald gefahren. Der Forstgehülfe aber steckte seine schöne Tanne in seinen alten Ford Focus Kombi und fuhr heim zu seiner Familie. Dort stellte er die Tanne auf die Terrasse, und niemand nahm weiter von ihr Notiz. Bis zum Heiligen Abend. Ausgehungert hatten sich die Zecks aneinander gekuschelt. Es war kalt geworden und sie erwarteten nicht mehr viel vom Leben.

Doch wie groß war die Überraschung der Zeckenfamilie, als der Baum in die gute Stube geholt und in einen Christbaumständer eingeklemmt wurde. Er kam in die schönste Ecke des Zimmers und wurde mit Kugeln, Engeln, Lametta (früher war mehr Lametta) und vor allen Dingen Kerzen geschmückt. Mittlerweile steckte der Gehülfe, der eigentlich Manfred hieß, die Kerzen an, und das Zimmer füllte sich mit drei Kindern, einem Hund, einer Katze und der Mama der Familie. Es war so schön warm und hell wie im Sommer, und auf Vater Zecks Kommando ließen sich alle Familienmitglieder auf die duftenden Warmblüter fallen und versenkten ihre Chelizeren und Hypostome in die freiliegenden Hautbereiche. Das war ein Fest. Ach so, … die Deutsche Borreliose-Gesellschaft …, die hatte gewarnt.

Neues von Familie Zeck

Vater Leopold Zeck war stolz. Die Menschen hatten weithin sichtbare, dreieckige Warnschilder mit leider sehr groben Darstellungen seiner Artgenossen an den Waldrändern aufgestellt. Die Menschen hatten Angst. Wahrscheinlich hatte wieder die Deutsche Borreliose-Gesellschaft mobil gemacht. Allerdings stand auf den rot gerahmten Schildern neben der Aufschrift »*Zecken!*« auch noch der Schriftzug »*vgh*«. Seines Wissens die Abkürzung der Versicherungsgruppe Hannover. Leopold konnte keinen Zusammenhang zwischen einer Versicherung und der Warnung vor seiner Rasse erkennen.

Es war Frühling geworden. Auf dem lichten Waldboden reckten sich Günsel, Gundermann, Buschwindröschen, Bärlauch und Veilchen dem Sonnenlicht entgegen. Vater Leopold hatte gute Laune. Die Familie war wohlauf. Mit Ausnahme des armen Zecki. Der hatte sich damals vom Weihnachtsbaum der Forstgehilfenfamilie auf die Katze gestürzt und sich mit Katzenblut ein dickes Ränzel angefressen.

Als er wieder zu Kräften gekommen war, nachdem die ganze Familie, Vater Leopold, Mutter Clementine, die Kinder Kaspar, Cilly und eben Zecki im Weihnachtsbaum der Menschenfamilie auf der Terrasse gedarbt und am Heiligen Abend die Gelegenheit ergriffen hatte, ließ sich Zecki satt aufs Parkett fallen und wurde von einem der Kinder, noch nicht einmal absichtlich, tot getreten. Ein kreisrunder Katzenblutfleck breitete sich aus und erregte allerhand Ekel bei seiner Entdeckung. Die anderen aber konnten sich prall und rund auf den Baum retten.

Recht früh, schon Anfang Januar, hatte der Familienvater den abgeschmückten Baum in den Garten getragen, zerkleinert und auf den großen Komposthaufen geworfen. Von dort waren sie von einem gastfreundlichen, streunenden Hund in den Wald zurückgetragen worden.

Vater Leopold war ein stolzer, gemeiner Holzbock vom Stamm der Lauerer, der sich aus dem aktiven Berufsleben zurückgezogen hatte. Er ritt soeben auf dem stärksten Keiler des Waldes im Parforceritt über eine Lichtung, die von der Frühlingssonne vergoldet war.

Seine noch lebenden Kinder gereichten ihm zur Ehre. Sein Sohn Kaspar hatte gerade eine Ausbildung zum Frühsommer-Meningitis-Assistenten angefangen und seine Tochter Cilly war Ernährungs- und Schwangerschaftsberaterin auf einer Bache, also einem weiblichen Wildschwein, wie es weidmännisch heißt. Eine Wildsau war so etwas wie ein Kreuzfahrtschiff für Zecken, Flöhe und Bremsen. Cilly hatte mit ihrem Haller-Organ einen Chemorezeptor am letzten Beinsegment des ersten Beinpaares, der mit Sinnesborsten ausgestattet war und auf Kohlendioxid, Ammoniak, Milchsäure, vor allem aber auf Buttersäure reagierte, die ein freundlicher Wirt ausströmte. Sie gab Kurse für unerfahrene, werdende Zeckenmütter, die sie über die oft mehrere Stunden lange Suche nach der passenden Einstichstelle informierte. Die Haut sollte feucht, warm, gut durchblutet und dünn sein. Beim Menschen kamen da die Kniekehle oder die Leistenbeuge in Frage. Die werdenden Mütter mussten bis zum hundertfachen ihres Körpergewichts Blut saugen, um den Nachwuchs gedeihen zu lassen. Cilly hielt Power-Point-Vorträge über die beruhigenden Eigenschaften des Zeckenspeichels, der auf das Blut des freundlichen Wirtstiers gerinnungshemmend, auf die Nerven schmerzstillend und vor allem auch Entzündungsreaktionen unterdrückend wirkt, damit die werdende Mutter in aller Ruhe ihren Vorrat an Blut saugen kann. Nach der Blutmahlzeit lässt sich die angehende Mutter von ihrem Wirt fallen und sucht ein stilles Plätzchen zur Eiablage auf. Das kann mehrere Tage dauern, denn sie legt tausende von Eiern, von denen jedes einzelne mit einer Schutzschicht versehen wird, um es vor dem Austrocknen zu schützen. Was Cilly ihren Zuhörerinnen aber verschwieg, war, dass die Muttis nach diesen Vorgängen sterben. Einfach, weil sie sie schonen wollte.

Und wie Leopold so auf seinem Wildschwein ritt und über seine Familie nachdachte, war er zufrieden, auch darüber, mit wie viel Respekt die Menschen seinen Artgenossen begegneten, was sich in den Warnschildern ausdrückte. Das konnte ein schöner Sommer werden.

Familie Muxmaus

Wir schreiben das Jahr 1966. Der Mensch hatte sich gerade aufs Sofa gelegt. Es war früher Nachmittag im Oktober. Die Sonne schien schon etwas schräg durchs Fenster. Ihre Strahlen ließen winzige Staubpartikel in der Luft tanzen und küssten einen großen Nordmende-Fernsehapparat mit edlem, dunklen Holzfurnier, das regelmäßig von der Frau des Hauses mit Möbelpolitur behandelt wurde. Denn der große Klotz war das wertvollste in der ganzen Wohnstube. Im Hochglanz spiegelten sich das Nierentischchen, die Cocktailsessel und die opulente Schrankwand. Die Wohnzimmeruhr, die ebenfalls von dunklem Furnier bedeckt war und ein halbkreisförmiges Tonnengewölbe hatte, hatte gerade zwei Uhr geschlagen und mit ihrem Big-Ben-Läutewerk die berühmte Tonfolge nachgeahmt. In der Stube war tiefer Friede eingezogen, nur ein leises Schnarchen war neben dem Ticken der Uhr zu hören. Der Mensch hatte gerade eine anstrengende lange Nachtschicht hinter sich und war sehr müde. Er hatte sich behaglich rücklings auf das mit dunkelrotem Stoff bezogenen Sofa begeben, ein Sofakissen in den Nacken gelegt, die Schuhe ausgezogen und die Augen zu einem Nickerchen geschlossen. Seine Füße steckten in Nylonsocken, die nicht mehr ganz frisch waren und einen Geruch in der Stube verbreiteten, die Fritz Muxmäuschen aus seinem Versteck, dem heimischen Nest seiner Großfamilie Muxmaus lockten. Der Geruch war dem eines gereiften Käses nicht unähnlich. Das Klischee, das insbesondere Menschen pflegten, nämlich, dass Mäuse für ihr Leben gern Käse fressen, stimmte. Fritz huschte zur Quelle des für ihn so anziehenden Duftes, fand aber zu seinem Erstaunen eben nur die hochkant aufgerichteten Füße eines mittelalten Mannes vor. Das

Muxmäuschen hatte sich an der Sofakante hoch aufgerichtet, indem es sich mit den zierlichen Vorderpfoten in den Velours gekrallt hatte. Es war sogar mutig unter Zuhilfenahme seiner kräftigen Hinterbeine aufs Sofa gesprungen und hatte die Lage mit seinen schwarzen Knopfaugen erkunden wollen, während seine zarten Nasenlöcher vibrierten und seine Tasthaare zitterten. Aus der Nähe war das Odeur ungeheuer kräftig geworden und raubte dem jungen Mäuserich beinahe die Sinne. Plötzlich bewegten sich die riesigen Füße und ein Stöhnen drang von weiter oben an Fritz' bewegliche Öhrchen. Mit einem Satz sprang er vom Sofa und flitzte unter die lose Diele, unter der seine Familie ein gemütliches Zuhause gefunden hatte. Aufgeregt erzählte er das Erlebte seiner gespannt zuhörenden Familie, seinem Vater Klaus Muxmaus, Mutter Friederike, von der er seinen Namen hatte, seinen Geschwistern Lilly, Billie, Lotte, Mareike, Karoline, Benjamin und Finn Matti. Nachdem er geendet hatte, schimpfte sein Vater ihn ein bisschen, war aber insgeheim stolz auf seinen Sohn, der sich schon so weit in die Welt vorgewagt hatte. Er warnte ihn aber auch eindrücklich, beim nächsten Mal noch vorsichtiger auf Erkundungstour zu gehen. Mutter Friederike piepste in warmem Ton, dass sie sich schon Sorgen gemacht hätte, nun aber froh wäre, dass er wieder daheim sei. Nachts, wenn die Menschen schliefen, wurden die Mitglieder der Familie Muxmaus aktiv. Sie wuselten hin und her und durchsuchten das ganze Haus nach Essen. Meistens wurden sie in der Speisekammer, im Keller oder in der Küche fündig. Sie fraßen liegen gebliebenes Brot, Linsen aus der Papiertüte, Kartoffeln aus der Kartoffelkiste und Mehl aus dem Sack, um nur die wichtigsten Speisen zu nennen. Friederike backte auch schon mal einen Kuchen und ein gutes Brot in ihrem kleinen Backofen und kochte Kartoffelsuppe. Einmal hatte Klaus eine Weinflasche umgestoßen und alle tranken aus der Pfütze einen kräftigen Rotwein aus der Pfalz und waren hinterher sehr ausgelassen. In dieser Nacht hatte Klaus seine Frau auch gefragt, ob sie nicht mal wieder Sex haben sollten, doch Friederike hatte gesagt, dass sie des ewigen

Gebärens müde sei. Lust hätte sie schon, aber die Folgen … Mäuse sind schlau und vorsichtig. Eins aber hatten sie immer übersehen. Sie produzierten Exkremente, Hinterlassenschaften ihrer guten Verdauung, kleine Köttel. Auf Dauer war das den Menschen nicht verborgen geblieben, und sie beschlossen, eine Katze anzuschaffen. Sie hieß Pussy, war grau getigert und riesig. Ihre Eckzähne ragten wie gewaltige Dolche aus ihrem furchterregenden Maul. Ihre Tasthaare warfen bedrohliche Schatten auf den Boden. Eines Tages hatte sich der Mann mit einer Zigarette auf die Toilette zurückgezogen und verursachte dadurch ein für Mäuse hoch gefährliches Gasgemisch, das ihre Sinne trübte. Friederike bemerkte Pussy zu spät. Mit einem Hieb ihrer krallenbewehrten, rechten Vorderpfote erwischte sie die Mutter so vieler Mäusekinder, tänzelte und tändelte mit der in Todesängsten Schreienden und aus mehreren Wunden Blutenden. Sie spielte ein Spiel mit ihrem Opfer, ließ es noch einmal laufen, nur um es wieder einzufangen und es schließlich doch mit einem kräftigen Biss in den Nacken zu töten. Dabei brummte und knurrte sie, und die Schädelknochen der Mäusemutter knackten. Die Muxmäuschen hörten die Todesschreie von Ehefrau und Mutter, konnten aber so gar nichts für sie tun. Alle flohen aus dem bis dahin so gastlichen Haus und litten noch lange danach unter einer unbehandelten posttraumatischen Belastungsstörung.

Grünfutter

Irgendwann glaubte ich selber nicht mehr daran, dass er existierte. Doch es musste so sein. Jeden Morgen brachte ich Schubkarre für Schubkarre voll mit weichen und harten Pflanzenteilen in die große Halle, die mir ein freundlicher Bauer zur Verfügung gestellt hatte, bis ich einen großen Haufen Grünfutter vor ihm angehäuft hatte. Jeden Tag brauchte er ca. zweihundert Kilogramm davon und viele Liter Wasser. Wenn ich sah, dass er einen Gutteil seines Futters mit seinem eigenartigen Greiforgan in sich hinein verfrachtet und ausreichend getrunken hatte, tätschelte ich ihm die Seite, stellte eine kleine Trittleiter neben ihn, und er half mir, in seinem Nacken Platz zu nehmen. Jeden Morgen begrüßt er mich mit einem freudigen Ruf und wollte nach der Nahrungsaufnahme nichts als heraus in die offene Landschaft, die aber auch hier von Straßen und Wegen durchfurcht war, so dass ich auf möglichst wenig berührte Gegenden auswich. Hannibal verstand über dreißig Wortkommandos und reagierte auf leiseste taktile Hinweise. Wir boten einen majestätischen Anblick, wenn wir ausritten. Ich saß in drei Meter Höhe und unter mir bewegten sich fünftausend Kilogramm lebendes Wesen. Für gewöhnlich schwiegen wir. Doch von Zeit zu Zeit erzählte mir Hannibal, wovon er nachts geträumt hatte. Häufig von seiner Heimat in Sri Lanka und seiner großen Liebe Arulampalam. Eigentlich hieß er Ruhunu. Hannibal hatte *ich* ihn getauft, nach dem großen kathargischen Feldherrn Hannibal, der die Römer bei Cannae fast geschlagen hätte. In seinem Heer zogen 37 Kriegselefanten, nahe Verwandte meines Hannibal über die Alpen von der iberischen Halbinsel herkommend. Mein Elefant hatte mit Krieg so gar nichts an den Ohren. Zögernd erzählte er mir, wie er mit seiner Geliebten im Fluss Mahaweli geschwommen sei; wie sie verliebt ihre Rüssel in einander verschlungen hatten und wie die beiden nach 22 Monaten ein Baby bekamen, einen Sohn, den die beiden Oshadi, Stern, nannten. Während einer kurzen Abwesenheit hatten Großwildjäger Arulampalam erschossen und seinen Sohn nach Europa verschleppt. Viele Nächte lang habe er seine Trauer in die Nacht trompetet. Und schließlich wurde er selbst von einem Großwildjäger mit dem Narkosegewehr überrascht und in einer Nacht- und Nebelaktion nach Deutschland gebracht. Hier musste er im Zirkus Montovani arbeiten, auf seinem mächtigen Hintern sitzen, Handstand machen und laut trompeten, bis das Zirkuszelt vibrierte. Hier lernte ich ihn kennen, sah die Trauer in seinen Augen und kaufte ihn schließlich für eine erkleckliche Summe frei.

Wenn Hannibal-Ruhunu und ich unsere geistigen Kräfte bündelten, konnten wir fliegen. Wir schauten uns die Gegend von oben an und lachten über die Staus auf der Autobahn. Ab und zu mussten wir Hubschraubern ausweichen, deren Piloten uns erstaunt betrachteten. Am liebsten aber flogen wir ins Elefantenland. Schon im Anflug wurden meine Ohren größer und meine Nase länger, bis ich schon einen Bleistift mit meinem kleinen Rüssel anheben konnte. Mein Schädel schwoll an und meine Gedanken wurden elefantös. Im wahren Leben vernachlässigte ich meine Arbeit, wurde gekündigt und zog in die Elefantenscheune ein. Immer öfter machten Hannibal und ich Ausflüge ins Elefantenland. Und immer stärker verwandelte ich mich in einen kleinen Elefanten, zumindest kurz bevor wir im Elefantenland ankamen.

Hannibal hatte sich am Hof des Elefantenkönigs bekannt gemacht, und er erhielt eine Einladung zu einem Hoffest. Bei dieser Gelegenheit, Hannibal hatte mich wie selbstverständlich mitgenommen, wurde ich einer kleinen erwachsenen Elefantenkuh ansichtig. Sie war eine Waldelefantenzwergin. Ihre Anmut begeisterte mich. Die eleganten Bewegungen ihres Rüsselchens – nein, *nicht* Rußteilchen – waren unwiderstehlich.

Die Pölsterchen – nein, *nicht* Prösterchen – ihrer Füße waren entzückend. Ich warb um sie nach Elefantenart. Wir wurden ein Liebespaar. Weil ich entflammt war, kamen Hannibal und ich überein, nicht mehr zwischen Menschenwelt und Elefantenwelt zu pendeln, sondern blieben ganz im Reich des Elefantenkönigs, der noch einmal einen Meter größer war als mein Freund Hannibal. Mit dem Segen des Königs heiratete ich meine Geliebte mit dem schönen Namen Lilli, und ich verspürte keinen Wunsch mehr, in die von Gier nach irdischen Gütern geprägte menschliche Welt zurückzukehren. Ich bin gern Elefant.

Losgelöst

Ko(s)misches Ereignis in Bennigsen

»Will man einen Apfelkuchen von Grund auf selber machen, muss man zuerst das Universum erschaffen« *Carl Sagan*

Am 13. Juli 2013, genau um 6.47 Uhr und siebzehn Sekunden fiel Bennigsen aus der Zeit. Der Ortsteil des idyllischen Deisterstädtchens Springe fiel nicht in die Zukunft und auch nicht in die Vergangenheit. Er fiel auch nicht weit, nur fünf Minuten, oder wenige Zentimeter entfernt, in ein Paralleluniversum. Es hatte sich in Luft aufgelöst. Bennigsen hing jetzt in oder über einer seltsamen Landschaft.

Der Bennigser Heinz Peter Blume wird später sagen: »Ich stand wie jeden Morgen an meinem Schlafzimmerfenster, um wie gewöhnlich zum Süllberg zu sehen. Alles, was ich jedoch sah, war fahles, gelb-grünliches Licht, das zu violett wechselte.« Blume wurde augenblicklich raumkrank, denn er sah in eine wüst oszillierende Landschaft voller Strings. Der Raum zuckte an bestimmten Stellen rasch hin und her, an anderen stürzte er auf punktförmige Abschnitte zu oder mäandrierte in Schleifen, die abtauchten oder sich später wieder mit der Oberfläche vereinten.

Ottmar Berger war der erste Nicht-Bennigser, der Zeuge dieses schwer zu beschreibenden Phänomens wurde. Er war Lokführer der S-Bahn von Hameln nach Hannover. Kurz nach der Abfahrt von der Station Völksen-Eldagsen hatte er den Eindruck, dass etwas nicht stimmt. Er konnte die ersten Häuser von Bennigsen nicht sehen.

Das Raum-Zeit-Kontinuum war kurzfristig und lokal in Aufruhr. Materie ist normalerweise etwas, das sich aus Strings zusammensetzt und elf Dimensionen besitzt. Davon sind aber nur vier Dimensionen abgewickelt. Das sind die drei bekannten Raumdimensionen, Länge, Breite, Höhe und als vierte die Zeit. Gott hatte sich schlaflos in seinem Bett hin und her geworfen und einen Haarriss im Universum hervorgerufen. Die Folge war, dass lokal eine Dimension mehr von den Strings abgewickelt war. Für die Dauer einer Femtosekunde geriet die Gesetzmäßigkeit von Ursache und Wirkung durcheinander. Städte wie Bielefeld oder eben Ortsteile wie Bennigsen können verschwinden und sind dann für uns einfach unsichtbar. Vielleicht sind die in Sagen immer wieder vorkommenden Tarnkappen raumverzerrende Kleinereignisse gewesen.

Die Schienen der S-Bahn waren aber nicht verschwunden; sie waren ein bisschen unterhöhlt, berichtete Ottmar Berger, der Lokführer. Da, wo Bennigsen sein sollte, beziehungsweise gewesen war, erstreckte sich eine Art grauer Schotter, und es gab rauchende, eigentümliche Wolken. Aber es war nicht heiß, und man hatte nicht den Eindruck, dass ein Feuer gewütet hatte. Berger hatte nicht gewusst, wo er den Zug hätte anhalten sollen, fuhr also durch und verständigte über seinen Bordfunk die Leitstelle in Hannover. Nach kurzem Nachdenken über den Bericht des erfahrenen Triebfahrzeugführers wurde der gesamte Katastrophenschutz in Alarmbereitschaft versetzt. Nachdem ein Stab gebildet worden war, kam man zu dem Schluss, dass der Militärische Abschirmdienst der Bundeswehr das Heft des Handelns in die Hand nehmen sollte. Der MAD hatte einen neuen, noch unerprobten Dimensionsdislocator oder Shifter in seinem Fahrzeugpark und eben dieser DDL, wie ihn die Fachleute nannten, sollte zu seinem ersten ernsthaften Einsatz kommen. Der Einsatz wurde deswegen als außerordentlich gefährlich eingeschätzt für die Freiwilligen, die diese Operation vornehmen sollten, weil man mit Zeitlöchern und Zeitwirbeln beim Durchbruch von der vierten in die fünfte

Dimension rechnen musste. Das konnte eine Mission ohne Wiederkehr sein.

Gott musste das gesamte von ihm geschaffene Universum im Blick haben. Da er aber ebenso allumfassend war wie seine Schöpfung, musste er seine Aufmerksamkeit nicht auf ein bestimmtes Areal fokussieren. Er spürte sofort, dass auf seinem kleinen Liebling, der Erde, die in einer kleinen, verschlafenen Galaxis namens Milchstraße beheimatet und unter anderem von einem hochkomplexen Säuger – *Er* nannte ihn Mensch – bewohnt war, etwas nicht stimmte. Von einer kleinen Lokalisation aus vernahm er »Gebete«. Das waren rührende Kommunikationsversuche *seiner* Menschen mit *Ihm*. *Er* nahm Verwirrung und Angst wahr und *Er* wusste, *Er* war der Urheber. Die Bennigser riefen in ihrer tiefen Verunsicherung seinen Namen und erflehten seine Hilfe. Gott versuchte, sich zu erinnern. In diesem Augenblick empfand er so viel Wärme und Zuneigung für die kleinen Wesen, dass er darauf sann, wie er ihnen helfen konnte. Doch so einfach, wie man sich das für den Allmächtigen vorstellt, war es dann auch wieder nicht. Natürlich hatte *Er* das flackernde Meer der Möglichkeiten vor Jahrmilliarden Jahren ins Leben gerufen. *Er* musste ein bisschen schmunzeln, als *Er* diesen Gedanken bewegte. Doch *Er* hatte dann auf Selbstregulation gesetzt. Die immer komplexeren Strukturen, die sich aus dem Ursprung entwickelten, waren von *Ihm* freigelassen. Ein Lächeln glitt über sein gütiges Antlitz, wenn er denn eines besessen hätte, als er an die Kreationisten dachte, die annahmen, er hätte jede Ameise selbst gemacht. Darwin – übrigens ein Theologe – hatte so Unrecht nicht mit seiner Lehre von der Evolution. Die Welt beherrschen oder das Universum lenken, ist für Gott wie für uns Auto fahren. Wenn dann einmal eine Panne passiert, wissen wir auch nicht gleich, wo der Fehler steckt.

Mittlerweile waren die Einsatzkräfte des Katastrophenschutzes unter dem Oberkommando des MAD vor Ort, wenn denn ein Ort dagewesen wäre. Der angeforderte Dimensionsdislocator war auf einem Tieflader herbeigeschafft worden.

Die Aufgabe der Experten bestand nun darin, den verschwundenen Ort aus der benachbarten Dimension wiederzuholen, also zu verrücken. Mit der unförmigen Maschine mit ihren gewaltigen Ausmaßen wollte man zunächst ein Wurmloch, eine dünne Röhre verlegen, um einen Zugang zu dem Paralleluniversum zu schaffen, in dem Bennigsen verschwunden war. Um den ungeheuren Energiebedarf des Dislocators zu decken, musste eine Hochspannungsstrecke zum nahegelegenen Atomkraftwerk Grohnde gelegt werden, das immerhin 1430 Megawatt elektrische Bruttoleistung zu Verfügung stellen konnte, um den Bedarf wenigstens teilweise decken zu können. Andere Verbraucher wurden abgeschaltet.

Die Vorstellung des Leiters der Operation »Bring Bennigsen Back«, BBB, bestand darin, dass man, wenn es denn vielleicht nicht gelang, den ganzen Ort in unser Universum zu dislozieren oder zurückzuholen, die Menschen durch das Wurmloch evakuieren könnte.

Die Gegenstände machten, was sie wollten. Sie schienen zu schmelzen, ihre Form zu verändern. Häuserwände wurden transparent, so dass man die hässlichen Möbel der Nachbarn sehen konnte. Und immer wieder zog sich der Raum zusammen, um sich im nächsten Moment zu dehnen. Mal war ein Gegenstand sichtbar, dann wieder nicht. Das Licht variierte über die ganze Palette des Regenbogens. Es pulste und zuckte. Aber auch die Körper der verängstigten Menschen oszillierten, schwollen an und schwollen ab. Blumes Katze hatte sich in eine Ecke der aus den Fugen geratenen Raumzeit zurückgezogen und gab ein klägliches Miauen von sich, das sich wie elektronisch verzerrt anhörte.

Gott hatte in seiner unendlichen Weisheit die Welt so eingerichtet, dass alles perfekt aufeinander abgestimmt war. Die Abstände der Elementarteilchen zueinander, der Energiegehalt und die Frequenzen der Lichtwellen, die Gravitationskraft. *Er* fragte sich ernsthaft, wie diese Störung überhaupt eintreten konnte, wollte man es denn als Störung auffassen. Oder war es ein Spiel der Möglichkeiten? Aber Albert Einstein,

ein Physiker, den *Er* stets im Auge behielt, hatte gesagt, Gott würfelt nicht. – Gott redete immer mit sich selbst, denn *Er* hatte sonst niemanden zum Reden. Gott zog seine braunkarierten Puschen an und ging in seinen Bastelraum, um die Heißklebepistole zu holen. *Er* besah sich den Haarriss in der Milchstraße und ging daran, den minimalen Spalt mit seiner Klebepistole zu schließen. Und während Gott noch herumpuzzelte und sah, dass es gut war, tauchte Bennigsen grob pixelig und erst schwankend und wabernd wie ein gestörtes Fernsehbild im warmen Abendlicht auf. Erst der Kirchturm, dann der historische Bahnhof. Schließlich Haus um Haus, bis das kleine Örtchen wieder komplett war. Bennigsen war im gewöhnlichen Raumzeitkontinuum angekommen. Die Rettungsmannschaften, die gerade bei den Vorbereitungen für die Installation des Wurmloches waren, staunten nicht schlecht, als die Gebäude regelrecht aus dem Boden ploppten. Nach der Rückkehr aus dem Paralleluniversum spielten sich dramatische Szenen ab. Menschen, die früher nie etwas miteinander zu tun hatten oder zerstritten waren, fielen sich um den Hals und dankten dem Schöpfer, der es ja schließlich auch gewesen war, für die Rettung. Die Bennigser hatten sich und der Außenwelt bis zu ihrem Lebensende etwas zu erzählen. Nämlich wie es im Paralleluniversum gewesen war.

Musik für Schnirr

Erde, Wien, 20. Juli 2025

Lieber Branz,
die Menschen nennen es Wetter, und sie meinen damit die relativ schnell wechselnden physikalischen Zustände in der Atmosphäre ihres Planeten. – Du fragtest mich danach. – Die Aggregatzustände des vorfindlichen Wassers wechseln je nach Einstrahlung ihrer kleinen Sonne in Eis, Schnee, flüssiges Wasser oder Wasserdampf. Die Temperaturen auf der Oberfläche schwanken zwischen zweihundert und dreihundertdreißig Kelvin. Ich komme mit dem verdammten Sauerstoff in der Erdatmosphäre schlecht zurecht, während die Menschen ihn wohl dringend brauchen und nach einer relativ kurzen Zeitspanne von drei Minuten ohne ihn ihre Lebensfunktionen einstellen. Ihr Stoffwechsel, ihr Metabolismus, ist so organisiert, dass in kleinstufigen biochemischen Reaktionen der Energiegehalt von Kohlehydraten mit Hilfe von Sauerstoff freigesetzt wird, um den Wärmebedarf, die neuroelektrische Energie für das Nervensystem und die biomechanische Energie für die Muskelarbeit zur Verfügung zu stellen. Sie essen organische Stoffe, die von ähnlich wie die Menschen selbst organisierten Lebewesen stammen, die unter erbärmlichen Bedingungen gehalten werden, um dann einen Tod zu sterben, bei dem der rote Lebenssaft abgelassen wird und verströmt. Den anderen Teil ihrer Nahrung bilden gänzlich anders strukturierte Lebewesen, die recht unbeweglich sind und Pflanzen genannt werden. Pflanzen sind wesentlich fortschrittlicher organisiert. Sie nutzen Sternstrahlung, na ja, Sonnenstrahlung und synthetisieren die Moleküle, aus denen sie bestehen, selbst. Menschen

hingegen sind verdammt, andere Lebewesen zu zerstören, um zu überleben.

Menschen leben nicht lange. Nach meinen Beobachtungen achtzig bis neunzig Jahre, also achtzig- bis neunzigmal die Zeit, die ihr kleiner Planet braucht, um das Zentralgestirn zu umkreisen. Die kurze Lebensspanne ist vermutlich ihrem ineffektiven Stoffwechsel geschuldet und ihrer instabilen Genetik. Wenn sie alt sind, sind sie gebrechlich und die Außenhülle schlägt Falten. Wir Photonen-Esser, Lichtteilchen-Verwerter, haben es doch deutlich besser. – Oft habe ich einen männlichen Menschenanzug an und muss gelegentlich aus geselligen oder gesellschaftlichen Gründen menschliche Nahrung und alkoholhaltige, also zellgiftige Flüssigkeiten inkorporieren. Durch entsprechende Installationen kann ich das Zeug jedoch diskret wieder ausschleusen. Probleme macht mir immer noch die geringe Erdschwerkraft. Sie beträgt nur ein Zwölftel unseres Heimatplaneten. Meine ganze Statur ist ja schließlich unserem Planeten Schnirr angepasst. Menschen würden meine Gestalt als extrem hässlich empfinden, könnten sie sie sehen. In Erdkategorien hätte ich etwas Krebsähnliches.

Eine der Festkörperreusen um Schnirr hatte vor einiger Zeit eine Raumsonde einer Zivilisation vom Rand der Galaxis eingefangen, die eine akustische Aufzeichnung von Musik enthielt, die mit großem technischen Aufwand für Schnirraner hörbar gemacht wurde. Um auf sich aufmerksam zu machen, hatten die Wesen auch eine grobe Angabe des Herkunftsraum-Quadranten in der Sonde hinterlassen. Die Musik war benannt »Goldberg-Variationen« von einem Individuum Johann Sebastian Bach, gespielt von einem Glenn Gould auf einem Saiteninstrument, genannt Flügel der Firma Steinway & Sons. Diese Tonaufzeichnung hatte letztlich den Ausschlag gegeben, dass die schnirranische »Akademie für die Erforschung anderer Kulturen in der Milchstraße« als nächstes Forschungsobjekt die aus schnirranischer Sicht unscheinbare Erde aus mehreren anderen Planeten ausgewählt hatte.

»Gute Musik«, hatte der Präsident der Akademie gesagt, »wir wollen den Komponisten kennenlernen.« Wir Schnirraner werden ja schließlich dreitausend Jahre alt. Deswegen ging man ganz selbstverständlich davon aus, dass man den Komponisten, na, sagen wir, sprechen könnte. – Menschen haben relativ große Gehirne, die als Snack in der Schale, um ein bisschen darauf herumzukauen, beim Betrachten des intragalaktischen Fernsehens ganz gut schmecken. Man muss aber auf seine Linie achten.

Ist unsere Sonne eigentlich noch in Gefahr, vom schwarzen Superloch verschlungen zu werden? Das Lichtspektrum der hiesigen Sonne schmeckt ein bisschen fade. Musikwissenschaftlich hat sich unsere Expedition jetzt schon gelohnt. Super Anregungen für unsere Schnirranische Musik. Tolle Töne-Erfinder: Schostakowitsch, Strawinsky, ein Bursche namens Wagner, Respekt. Lese mich gerade durch die Partituren der irdischen Musikgeschichte. Spannend! Mozart, Beethoven, Schubert. Aber anstatt wirklich gute Musik zu hören, begeistern sich die Erdlinge für dreiviertel nackte Weibchen, die in ihrer zarten Haut einfachste Melodien hauchen und quietschen und Shakira oder Beyoncé heißen.

Durch die NASA abgefangener, die Erde verlassender Funkverkehr. Nicht entschlüsselbar. Sie sind unter uns!

Unsere vollautomatisierten gewaltigen Sinfonieorchester auf Schnirr bekommen wertvolle Anregungen. Die festgefahrene Schnirranische Tonalität bekommt wieder Schwung. Ich werde mit einem riesigen musikalischen Schatz von Rhythmik und Formenreichtum nach Schnirr zurückkehren. Doch werde ich noch einige Monate auf der Erde zu tun haben, bis ich alles archiviert und für unsere Kultur und Zivilisation urbar gemacht habe. – Ich habe darüber nachgedacht, ob ich einige besonders begabte menschliche Individuen mit nach Hause bringe. Der Aufwand wär' jedoch ziemlich hoch. Wir müssten eine Anlage mit künstlich herabgesetzter Schwerkraft, mit einer giftigen Sauerstoffatmosphäre mit Wasser schaffen und organische Stoffe synthetisieren, um sie zu ernähren. Man könnte es aber auch unter ökonomischem Standpunkt betrachten und in einem Zoo fremder galaktischer Lebensformen integrieren. Das ist nicht mein Fachgebiet, aber vielleicht könntest du die zoologischen Koryphäen für fremdplanetare Lebensformen für eine solche Idee interessieren. Die Krönung könnte die erfolgreiche Nachzucht der musikalischen Menschlein sein. So, nun will ich schließen. Ich muss mich in die Zwölftonmusik vertiefen.

Es grüßt dich mit innigem Tentakelgetrommel

Dein getreuer Krontopops

Anderswo

Brockenexpedition

Schon früh waren wir aufgebrochen. Wir hatten unser Gefährt bestiegen und waren Richtung Harz gefahren, um den sagenumwitterten Brocken zu besteigen, den Mount Everest Norddeutschlands. Um neun Uhr waren wir am Torfhaus, dem Ausgangspunkt unserer Expedition, dem Basislager, angekommen. Der kostenpflichtige, große Parkplatz war noch leer. Von hier konnten wir schon einen Blick auf den majestätischen Berg werfen, der auch den großen Goethe dazu veranlasste, ihn dreimal zu besteigen, erstmalig als 28-Jähriger im Winter 1778. Wir wählten also für den Anstieg den Goethe-Weg. Nicht, dass Goethe den Brocken oder Blocksberg nur bestiegen hätte, er diente ihm auch als Anregung für eine ausgedehnte Szene in seinem Faust I. Zunächst ging es bergab durch dunklen Tann und vorbei an murmelnden Bächlein. Granitblöcke des uralten Gebirgsstocks lagen am Wegesrand. Wenn ich sage uralt, dann meine ich auch uralt. Der Granit wird auf ein Alter von fast dreihundert Millionen Jahren datiert. Wir berührten den Fels und waren berührt von der Altehrwürdigkeit. Wir waren allein in nahezu unberührter Natur. Wie schön. Doch das sollte sich ändern. Von mir wurde ein Foto gemacht, wie ich sinnend, das Kinn auf die Hand gestützt wie Goethe, auf einem Felsen sitze. Weiter ging es bergan. Uns kamen jetzt Frühbesteiger auf ihrem Abstieg entgegen. Wir gerieten auf den Hauptpfad. Lange nach Goethe hatte der Sozialismus deutscher Prägung eine Schneise in den Wald geschlagen, um einen sogenannten Kolonnenweg aus gelochten Betonelementen zu verlegen, der es den Grenztruppen der DDR ermöglichte, den sozialistischen Schutzwall zu bewachen und zu verteidigen. Dieser Weg stieg steil an. Und während ich wegen der körperlichen

Anstrengung schnaufte, ließen sich ein unheimliches, umso lauteres, rhythmisches Schnaufen und Keuchen vernehmen, die schließlich von einem scharfen Pfiff durchschnitten wurden. Jetzt war es klar. Es war die seit dem Ende des neunzehnten Jahrhunderts verkehrende, schwarze Wolken ausstoßende, Brockenbahn, auf deren Gleise wir jetzt trafen, und an denen wir nach links kilometerlang Richtung Gipfel taumelten. Immer mehr Menschen kamen uns entgegen, und ich zitierte halblaut aus dem Faust, genauer aus dem Osterspaziergang, mit einer kleinen Abänderung: »*Selbst von des Berges fernen Pfaden, blinken uns farbige Kleider an. Ich höre schon des* Bergs *Getümmel, hier ist des Volkes wahrer Himmel, zufrieden jauchzet Groß und Klein: hier bin ich Mensch, hier darf ich's sein.*« Noch einmal wendete sich das Bild. Wir trennten uns vom Weg neben den Gleisen und gingen auf einer breiten, asphaltierten Fahrstraße auf die Spitze des Brocken zu, der mehrere Gebäude, die »Stasi-Moschee«, eine Wetterstation des DWD und Fernmeldeeinrichtungen trägt. Nun musste man große Aufmerksamkeit darauf verwenden, nicht von mit großer Geschwindigkeit abwärts fahrenden, behelmten und mit Bike-Protektoren versehenen Mountainbikern mit und ohne Elektromotor gerammt, touchiert oder sonst wie behelligt zu werden. Die auf- und abwärts strömenden Menschen ließen sich häufig von Hunden der verschiedensten Rassen begleiten, die Wämslein trugen mit der Aufschrift »Mamas Liebling«, »Der darf alles« oder »Großer Racker«. Nicht alle vertrugen sich und kläfften sich lautstark an. Und das bei meiner ärztlich attestierten Hochsensibilität. Schließlich gelangten wir auf den Plateauförmigen Gipfel und beschritten den Rundweg, gerade bei Ankunft der Schmalspur-Brockenbahn mit schwer schnaufender Dampflokomotive.

Schnell erreichten wir den granitenen Hexenaltar und die Teufelskanzel. Es war August, so wie auch der frühverstorbene Sohn Goethes heißt, aber es stürmte ein kalter Wind wie im November. Der Volksglaube Norddeutschlands weiß von Orgien des Teufels und seinem Gefolge, Hexen und Hexenmeistern an diesem Ort, die sich hier sexuellen Ausschweifungen hingaben, zumindest in der Walpurgisnacht. Das inspirierte auch Goethe, der seinen Mephisto den Protagonisten Faust zu der Sause mitnehmen lässt. Mephisto spricht: »*Das leuchtet, sprüht und stinkt und brennt! Ein wahres Hexenelement! Nur fest an mir! Sonst sind wir gleich getrennt.*« Später tanzt Faust mit einer Jungen und ist ganz begeistert: »*Einst hatte ich einen schönen Traum; da sah ich einen Apfelbaum, zwei Äpfel glänzten dran, sie reizten mich, ich stieg hinan.*« Die Schöne: »*Der* Äpfelchen begehrt ihr sehr, und schon vom Paradiese her. Von Freuden *fühl ich mich bewegt, dass auch* mein *Garten solche trägt.*« Das ist dezent, aber doch anspielungsreich. Auch lässt Goethe neben allerlei Hexen einen Proktophantasmisten auftreten, den ich allerdings googeln musste. Das Wort bedeutet: einer, der infolge von Unterleibskrankheiten an Halluzinationen leidet. Syphilis etc.

Wir schritten schnell weiter, um auf die dem Winde abgewandte Seite des Brocken zu gelangen. Ohne die gastronomischen Verlockungen auf dem mythologischen Berg weiter zu beachten, beendeten wir den Rundgang um den Gipfel und machten uns an den Abstieg. Kaum waren wir ein paar hundert Meter abwärts gegangen, als eine schwarze Wolkenwand auf uns zu kam und sich die Himmelsschleusen für einen peitschenden Regen in Bindfadenstärke öffneten, und das auf einem Stück des Weges ohne gnädiges Baumkronendach. Der gnadenlose Wolkenbruch, der wohl auch dafür ausgereicht hätte, das Höllenfeuer der Lokomotive zu löschen, wütete wohl eine halbe Stunde lang. Er machte meinem Knirps zu schaffen, testete die Outdoorjacke eines namhaften Herstellers und durchnässte meine Baumwollhose bis auf die erkaltende Haut meiner Ober- und auch Unterschenkel. In der überfüllten Schutzhütte »Eckersprung« erfuhr ich noch von mit Piercing und Tattoo geschmückten jungen Frauen mit Mischlingshündchen, dass es auch Stempel für Hunde im Harzwanderpass gibt, die sie sich heute noch am Brockengipfel holen wollten, und wunderte mich über gar nichts mehr. Nach kurzer Rast ging es weiter bergab. Der Regen hatte nachgelassen, und uns kamen immer neue Grüppchen von schwer durchnässten

Wanderern entgegen und waren doch guter Dinge. Sie riefen fröhliche Hallos herüber. Dramatisch reckten sich die Wurzelteller der von früheren Stürmen gefällten Bäume in den grauen Himmel des Harz-Nationalparks. Endlich kamen wir wieder auf dem Parkplatz Torfhaus an, der sich inzwischen bis auf die letzten Plätze gefüllt hatte. Und dennoch gab es noch eine Autowarteschlange an der geschlossenen Schranke zum Platz. Wir stiegen ins Auto, und ich dachte noch: »The Brocken makes Germany great again!« Wir verließen den Ort. Ende Gelände.

In der DDR

In den siebziger Jahren des letzten Jahrhunderts hatte ich einen Freund, der Tiermedizin im höheren Semester studierte. Er hieß Ulrich M., genannt Ulli. Er hatte einen unglaublichen Vollbart und volles lockiges Haar, das bis zum Kinn reichte. Er trug eine Brille mit kreisrunden Gläsern, wie man sie von John Lennon oder Hermann Hesse kannte und war ein zierlicher, recht kleiner Mann. Er hörte Miles Davies, Captain Beefheart und Al Di Meola. Und er hatte eine gewisse Ähnlichkeit mit einem deutschen Philosophen. Ulli hatte Verwandtschaft in der DDR. Er war zu einer Familienfeier eingeladen und er fragte mich, ob ich Lust hätte, ihn zu begleiten. Ich sagte gerne zu. Ich war ein Student mit wenigen Verpflichtungen. Wir stiegen in den Zug. Der Grenzübergang war Helmstedt. Langer Halt mit Grenzkontrolle. Schließlich rollten wir weiter mit Ratatam, wegen der Schienennähte und mit höchstens sechzig Kilometern. Wir schwangen durch die eintönige Landschaft, riesige Ackerflächen, vorbei an grauen Dörfern und LPGs. Keine Reklame oder schrille Farben störten. Doch wir sahen rote Transparente mit Glückwünschen zum 25. Jahrestag der DDR. Wir liefen im nächsten Bahnhof ein. Der Bahnsteig war bevölkert von mehreren Schulklassen, die in Aufbruchsstimmung waren. Vielleicht ins Ferienheim. Ulli zog das Abteilfenster an dessen zwei Griffen nach unten, um frische Luft ins Abteil und sich um die Nase wehen zu lassen. Er beugte sich aus dem Fenster. Erst rief ein Kind »Karl Marx! Guckt mal Karl Marx!«, wobei es das »a« in Marx eher wie ein »o« aussprach, also »Morx«. Immerhin befanden wir uns im Bezirk Magdeburg. Die Kinder steckten sich an, der ganze Bahnsteig geriet in Aufruhr. Kinderstimmen vereinten sich in »Karl-Marx«-Chören. Ulli winkte huldvoll. Schließlich fuhr der Zug wieder an und die Rufe verwehten im Fahrtwind. Feinster Ruß drang von der Dampflok ins Abteil, so dass wir das Fenster wieder schlossen. Dieses Ereignis würde sich auf der ganzen Welt nicht mehr wiederholen. Das gab es nur in der DDR.

Der Volkspolizist Leutnant Werner Wimmer, der an diesem Tag am Bahnhof Halberstadt Dienst tat, wurde auf den Tumult aufmerksam und meldete das Vorkommnis an seinen Vorgesetzten Oberstleutnant Karl Otto Schnepel. »Karl Marx gesichtet!« Auf Grund der besonderen Brisanz meldete Schnepel den Vorfall der lokalen Parteileitung, Parteisekretär Günter Gummer, nach Rücksprache mit der örtlichen Staatssicherheit wurde das MfS in Berlin, Hauptstadt der DDR informiert. In Erich Mielkes holzgetäfeltem Büro läutete das graue, kantige Telefon Modell Frankfurt/Oder Luxus. Mielke hatte seine Paradeuniform an, erkannte den Ernst der Lage und schnarrte seinem Adjutanten in die Sprechmuschel, dass er, Mielke, den Generalsekretär des ZK der SED, Genossen Erich Honecker unverzüglich selbst und persönlich unterrichten werde. Honecker war gerade damit beschäftigt, seine Fingernägel zu reinigen, als sein elegantes Westtelefon ihn in seinen Gedanken unterbrach. »Erich«, sagte Erich Mielke, »wir müssen was tun!« »Glaubst du an Reinkarnation, Genosse?«, vibrierte Honecker in hoher Stimmlage ins Telefon. »Was ist das denn?« entgegnete Mielke. »Na, Wiedergeburt.« »Karl Marx in Halberstadt?« Mielke zog unwillkürlich die Augenbrauen hoch, was ihm ein diabolisches Aussehen verlieh. Er sah in seinen Taschenspiegel, den er für diese Zwecke in seiner Schreibtischschublade aufbewahrte und mit dem er häufig Gesichter übte. Er hatte damit schon manchen gestandenen und altgedienten Stasi-Offizier eingeschüchtert. Honecker ordnete verdeckte Beobachtung an. Dann sprach er den später berühmt gewordenen Satz: »Den Sozialismus in seinem Lauf, halten weder Ochs noch Esel auf!« Der Generalsekretär endete mit: »Vorwärts immer, rückwärts nimmer!« »Jawoll, Genosse Generalsekretär.«

Mielke schlug die Hacken zusammen. Auf seiner Stirn hatten sich feine Schweißperlen gebildet. So könnte es gewesen sein. Wir, Ulrich und ich, bekamen davon in unserem abgeschotteten Zugabteil des Deutsche Reichsbahnzuges mit Dampflok nichts mit, obwohl die drei Armeehubschrauber russischer Bauart und die uns auf der parallel zu den Gleisen verlaufenden Straße verfolgenden grauen Wartburgs uns hätten stutzig machen müssen.

Kastration auf dem Küchentisch

Ulli kannte eine junge Frau, Bärbel, die einen kleinen Kater hatte. Ich glaube, Ulli mochte sie, aber vermutlich lief nichts zwischen den beiden. Der Kater war rot gestromt und ungefähr sechs Monate alt. Es wurde also Zeit für eine Kastration. Ulrich hatte diesen kleinen Eingriff im Studium schon mehrere Male durchgeführt, und da Elke wenig Geld hatte, fragte sie Ulli, ob er ihren Kater kastriere. Wir wohnten damals standesgemäß in Wohngemeinschaften. Ulli fragte mich, ob ich ihm bei dem Eingriff assistieren wollte. Ich sagte zu. Ich studierte damals Biologie und wollte viel wissen. Wir machten uns mit Ullis kleinem Köfferchen mit Instrumenten und Betäubungsmittel auf den Weg und nahmen in der WG-Wohnung die Küche in Beschlag, in der ein großer Küchentisch stand. Ulrich rieb den Tisch mit Sagrotan ab und streifte sich seine Einmalhandschuhe über. Dann griff er sich den Kater. Die Besitzerin hatte schon aufgeregt die Küche verlassen und wartete in ihrem Zimmer. Ulli hatte eine Spritze mit dem Betäubungsmittel aufgezogen und injizierte das Mittel in die Vene der rechten Vorderpfote. Es dauerte nur einige Minuten und das Katerchen war eingeschlafen. Es wurde auf den Rücken gelegt, so dass auf Grund der Muskelerschlaffung die Hinterbeine auseinander klappten. Die Umgebung des Operationsfeldes wurde rasiert. Nun setzte Ulrich den entscheidenden Schnitt mit dem Skalpell. Der kleine Hodensack wurde geöffnet. Es blutete ein wenig. Die Hoden wurden entfernt, ich tupfte ein wenig. Ulli legte eine Naht und verschloss das Skrotum mit einigen Stichen. Das Ganze hatte vielleicht eine Viertelstunde gedauert. Doch wir bekamen ein Problem. Der Kater hatte die ganze Zeit langsam, aber stetig geatmet. Jetzt atmete er nicht mehr. Ulrich hatte das Betäubungsmittel vermutlich zu hoch dosiert. Wir mussten schnell handeln. Ulli zögerte nicht und begann, den Kater mit Mund-zu-Mund-Beatmung zu beatmen. Die kleinen Wangen des Kätzchens blähten sich wie ein winziger Blasebalg, und die Schnurrhaare piksten in Ullis Lippen. Er kämpfte endlose Minuten lang um das Leben des kleinen Tieres. Es dauerte sicher zehn Minuten, bis der Kater wieder spontan zu atmen begann. Ulli war mein Held. Ich hatte die junge Frau wieder aus der Küche bugsiert, die sich nach dem Stand der OP erkundigen wollte, den Ernst der Lage erkannte und begann, panisch zu werden. Der Kater, an dessen Namen ich mich leider nicht erinnere, kehrte zurück ins Leben und machte seiner Besitzerin, soviel ich weiß, noch große Freude.

Gott wünscht sich ein Kind

Wir schreiben das Jahr eins vor Christi Geburt. Dem lieben Gott ist langweilig. Es ist schon lange her, dass er die Welt in sieben Tagen erschaffen und sein jüdisches Volk durch Höhen und Tiefen begleitet hat. Er überlegt und plötzlich weiß er, was er will: Ein Baby, es soll ein Baby sein. Wenn's ginge, einen Sohn. In seinem unerforschlichen Ratschluss leuchtet es in ihm auf, und er macht sich an die Umsetzung seines Planes.

Gott weiß: Allein geht es nicht. Er schaut sich also um unter den Weibern von Galiläa. Und er findet eins für seinen Zweck. Es ist Maria aus Nazareth. Sie ist jung, kaum zwanzig Jahre alt, sie ist gläubig, sie stammt vom König David ab, und sie ist mit dem armen Zimmermann Josef verlobt. Gott hat eine Jungfrau auserkoren. Er schickt seinen Erzengel Gabriel, den Helden Gottes, zu Maria und der sagt ihr, dass der Herr mit ihr sei und sie einen Sohn gebären würde, der der Sohn Gottes sei. Maria ist zwar überrascht über die Erscheinung des prächtigen Engels, fürchtet sich aber nicht. Und doch kommen ihr Zweifel darüber, wie das denn gehen solle. Denn sie habe ja noch keine sexuelle Beziehung zu einem Mann gehabt. Sie lebe nach Gottes Geboten und eine voreheliche Beziehung sei verboten. Der Engel gibt Maria Auskunft über das Wie. »Der Heilige Geist wird über dich kommen und die Kraft des Höchsten wird dich überschatten. Darum wird auch das Heilige, das gezeugt wird, Sohn Gottes genannt werden«. (Lk 1,35) Und Gabriel sagt ihr: »Du wirst nicht ein Kind bekommen, das mit menschlichem Samen gezeugt wurde, sondern eins, das vom Heiligen Geist gezeugt wurde.« Maria glaubt dem Engel und sagt ihm, dass sie sich als Magd des Herrn sehe. Ein Wagnis.

Denn eine Schwangerschaft, ohne verheiratet zu sein, ist zu dieser Zeit ein hohes Risiko. Das Gesetz Mose lehrt, dass eine solche Frau, die Unzucht begeht, zu Tode gesteinigt werden muss. Es hätten drei Zeugen aus dem Dorf gereicht. Dennoch nimmt sie es auf sich. Möglicherweise ist sie geschmeichelt, dass der Höchste sie auserwählt hat, Leihmutter für ihn zu sein. Gabriel berichtet Gott in der Höhe nach seiner Rückkehr, dass Maria bereit sei. – Prima, denkt Gott. Denn er kann ziemlich weit in die Zukunft schauen. Er sieht, dass die Menschen die Geburt seines Kindes feiern werden mit Lichterglanz, Nadelbäumen, mit leckeren Speisen, Süßigkeiten, Plätzchen und Schokolade. Da läuft Gott das Wasser im Munde zusammen. Ihn schrecken die Weihnachtsfeiern in den Firmen und die Weihnachtsmärkte in den Innenstädten nicht ab. Auch nicht die Geschenkeschlachten, der Verpackungsmüll, die Weihnachtsmärchen an den Theatern, die vorweihnachtlichen Konzerte und die herzzerrreißenden Fernseh- und Kinofilme und die Internetproduktionen, der Weihnachtsschmuck und was noch alles für Gott vorhersehbar ist. Auch, dass in gut zweitausend Jahren die Gruppe *Wham* »Last Christmas«, Jose Carreras »O, du fröhliche« und Roger Whittaker »Leise rieselt der Schnee« singen werden. Das alles würde die Geburt eines Gottessohnes nach sich ziehen. Gott sagt sich, ein gelungener Coup. Babys sind immer gut. Die Menschen werden besinnlich. Die Religiosität vertieft sich. Die Zahl der Follower wird sich erhöhen.

Jahwe hatte seine Karriere als kleiner Wettergott im vorderen Orient begonnen. Ist aber schon jetzt alleiniger Gott. Man fragt sich natürlich an dieser Stelle, wieso er die Macht später dann noch mit Sohn und Heiligem Geist teilen will. Er bezieht die Heiligen Drei Könige, eigentlich persische Sterndeuter, aus dem Morgenland in seine Überlegungen zur Geburt seines Kindes mit ein. Mithin keine Juden, die dem künftigen König der Juden bei ihrem Eintreffen im Stall zu Bethlehem an der ärmlichen Krippe, in die das Baby gelegt wird, dennoch huldigen. Des Weiteren wird eine auffällige

Himmelserscheinung eine Rolle spielen, die die drei Astrologenkönige überhaupt motiviert, sich auf den Weg zu machen. Es handelt sich dabei vermutlich um eine Supernova, also die Explosion eines maroden Sternes. Damit ist Gott aber noch nicht am Ende mit seinem Latein. Er schickt Engel, die vor den Hirten auf dem Felde erscheinen, schöne Musik machen und ihnen erklären, dass ihnen heute der Heiland geboren ist. Ein Event der Extraklasse, ein Premiumevent, das seine Wirkung bis auf den heutigen Tag nicht verloren hat. Es hat alles: Show-Elemente, emotionale Wirkung, einen sozialen Aspekt. Maria und Josef sind arme Leute, sie sind unterwegs wegen einer Volkszählung durch den Unterdrückerstaat Rom. Gott hat seinen Markenkern gefunden. Das Christentum, welches sich auf Jesus Christus beruft, ist die größte Weltreligion. Gott hat alles richtig gemacht. Obwohl … ich erwarte schon noch ein bisschen mehr Einsatz vom Höchsten: Mit sanftem Zwang möge er Frieden schaffen, seine Menschheit auf einen guten Weg bringen, die – schließlich seine – Schöpfung zu schonen, die Befolgung seiner Zehn Gebote stringenter einfordern. Das dürfte Gott doch nicht so schwerfallen. Ich werde demnächst mit ihm telefonieren.

Weihnachten in Völksen

Einsam ging ich durch das tief verschneite Völksen. Und es schneite noch immer dicke Flocken, die ein unbarmherziger Ostwind durch die Lichtkegel der Laternen und der wenigen Autoscheinwerfer trieb. Ich hatte den Kragen meines Mantels hochgeschlagen und schaute mich um. Obwohl ich es nicht wollte, sah ich in das erleuchtete Fenster eines alten Bauernhauses, das stolz und hoch am Rand der Hauptstraße aufragte.

Friedrich und Dorothea Hüper, im Ort nur Fritz und Dorchen genannt, hielten sich in der guten Stube auf. Fritz hatte gerade mit Mühe die Kerzen eines kleinen Weihnachtsbaumes entzündet und erholte sich von der Anstrengung in seinem abgeschabten Ohrensessel. Dorchen hatte ein altes Fotoalbum hervorgeholt. Vor einer halben Stunde hatte ihr altmodisches Telefon geklingelt. Es stammte aus der Zeit, als die Telekom noch Post hieß, das Fernmeldemonopol besaß, und man für die Apparate monatlich Miete bezahlen musste. Es war trist grün, hieß »Modell Hamburg«, mit Wählscheibe, und der Hörer hatte eine Hülle aus nachgemachtem Brokat.

Das Telefon hatte geklingelt mit einer Glocke, deren Ton heute kaum noch jemand kennt. Wie immer war Dorchen drangegangen. Es war Hartmut, ihr Sohn aus Osnabrück, der heute eigentlich mit seiner Familie zu Besuch kommen wollte. Hartmut hatte mit angestrengter Stimme gesagt, dass sie aufgrund der Wetterlage nicht mit dem Auto kommen könnten. Der viele Schnee. Doch Dorchen hatte dank ihrer feinen Antennen herausgehört – nicht aus Hartmuts Worten, sondern daraus, wie er sprach, dass er ihr nicht den wahren Grund für sein Nichtkommen sagen wollte oder konnte. Er wollte schnell zum Ende kommen, und, wie man es eben so sagt, hatte er am Schluss »Fröhliche Weihnachten« gewünscht und »Grüß auch Papa« hinterher geschoben.

Dorothea war traurig aus dem Flur zurückgekommen und hatte gerufen: »Fritz, sie kommen nicht; und schönen Gruß von Hartmut.« Dann schaute sie sich das Fotoalbum an und sprach halblaut die Namen der Personen, die sie auf den Fotos sah, vor sich hin. Oftmals mit Angabe des Wo und Wann. Harmuts Konfirmation, sein Abitur, die Silberhochzeit, die Goldene Hochzeit.

Friedrich hatte sich schon am Nachmittag seine gute Hose angezogen, sie aber mit Kaffee und Kuchen verfleckt. Er sinnierte oder dämmerte vor sich hin, so genau konnte man das bei Fritz nicht sagen, bis Dorchen rief: »Leg doch mal die Platte auf!« Sie meinte eine Langspielplatte mit den schönsten Weihnachtsliedern, gesungen von Rudolf Schock, dessen weichgezeichnetes Portrait auf der Plattenhülle zu sehen war mit Kammersängerfrisur und neben einem Weihnachtsbaum. Die Zellophankaschierung der Hülle war schon in Auflösung begriffen. Dorchen summte mit. Nachdem Rudolf Schock »O, du fröhliche« und »Stille Nacht« mit seinem zum Knödeln neigenden Tenor mit dem typischen Knistern älterer LPs zu Ende gesungen hatte, schaltete Dorchen den großen, zentnerschweren Telefunken-Farbfernseher von Fernsehmeister Henke ein. Gerührt sah sie den Regensburger Domspatzen zu, wie diese mit großen, gerundeten Mündern und glockenreinen Stimmen »Maria durch ein' Dornwald ging« sangen. Dorothea wurde weh ums Herz, und sie fühlte sich der Mutter Gottes zutiefst verbunden, denn sie dachte an den Tag, als sie von Hartmut entbunden wurde. Harmut war eine Hausgeburt gewesen, und die werdende Mutter war vom Landarzt Dr. Bosolt betreut worden, der die Steißlage des Kindes nicht erkannt hatte. Der Hebamme Irmchen Stange war es zu verdanken gewesen, dass beide, Mutter und Kind, die schwere Geburt überlebt hatten. Hartmut war Dorchens einziges Kind geblieben.

Peter, der dreibeinige, schwarze Kater, der vor Jahren seine linke Vorderpfote bei einem Zusammenprall mit einem Auto verloren hatte, spürte, dass sein Frauchen Zuwendung brauchte. Wahrscheinlich brauchte er sie auch. Versteh' einer die Katzen. Er sprang auf Dorchens Schoß und schnurrte wie ein warm gefahrener Sechszylinder. Hansi, der zweibeinige, weißblaue Wellensittich, rüttelte an seinem Käfigtürchen. Inoffiziell hieß er Bayern München und konnte »Alter Baazi« und »96« rufen. Man konnte es verstehen, wenn man guten Willens war. Er war eifersüchtig. Für einen Vogel ungewöhnlich genug.

Als sie noch die Landwirtschaft hatten, hatte eine Milchkuh einmal ein zweiköpfiges Kalb geboren. Der vierschrötige Tierarzt hatte das Rindvieh retten können, das Kalb aber starb. Hansi rief »96«. Friedrich schreckte auf. Er war schon lange nicht mehr bei 96 gewesen, hatte aber deren Gewinn der deutschen Meisterschaft 1954 miterlebt. Manchmal ging er zu den Spielen von Völksen 05, und er war inzwischen passives Mitglied der Sangesbruderschaft Harmonie von 1877 und der freiwilligen Feuerwehr.

Dorchen hatte eine Gans im Ofen, diese aber vergessen und so schwelte der Vogel seiner Verkohlung entgegen. Friedrich war in Hausschuhen und in seiner verfleckten guten Hose durch den Schnee in den alten Stall hinübergegangen. Und jedes Mal hoffte er, dass er das leise Klirren der Ketten, an die die Kühe angebunden waren, hören könnte, das zufriedene, kurze Muhen der Schwarzbunten, das Geräusch des mahlenden Wiederkäuens und das Knacken der Kiefer. Sie alle hatten Namen, und ihre Milchleistung war auf Tafeln über ihren Einstellplätzen geschrieben. Er roch den warmen Mist und spürte die Wärme der gutmütigen, großen Tiere und fühlte sich unendlich wohl. Aber das alles war über fünfundzwanzig Jahre her. Alle Tiere waren verkauft worden und der Stall stand seitdem leer.

Aufgeschreckt wurde Friedrich vom Dröhnen des Signalhorns der freiwilligen Feuerwehr, die mit Löschfahrzeug und Mannschaftswagen auf den Hof gefahren war. Die Gans war in schwarzem Rauch aufgegangen. Der Rauchmelder, den Hartmut im letzten Jahr installiert hatte, hatte schrillen, Ohren betäubenden Alarm geschlagen. Dorchen war vom Sofa hochgeschreckt, Peter sprang in Panik dreibeinig, mit angelegten Ohren von ihrem Schoß. Seine Krallen drangen in Dorotheas Oberschenkel, und er suchte einen geschützten Ort. Inzwischen hatte sich schwarzer, fettiger Rauch, der nur noch entfernt nach Gänsebraten roch, im ganzen Haus verbreitet. Dorothea hatte das alte, grüne Telefon erreicht, neben das sie vorsorglich eine Liste mit den wichtigsten Notrufnummern gelegt hatte und die 112 gewählt.

Die Männer waren zielstrebig in die Küche gestürmt, hatten den Backofen abgestellt, das schwarzrauchende Gerippe samt Blech mit Asbesthandschuhen in den Hof getragen und die Kerzen am Baum in der guten Stube gelöscht. Das Haus war so verraucht, dass die Feuerwehr das vor Schreck starre alte Paar zur Inobhutnahme in das nahe gelegene Seniorenheim Sonnenhof brachte. Hier war die Weihnachtsfeier fast zu Ende. Fritz und Dorchen fassten sich an den Händen und sagten, dass im Frühjahr alles besser werden würde. Und: »Wer weiß, ob wir das nächste Weihnachten noch erleben.«

Es hatte aufgehört zu schneien, und mir war sehr kalt geworden.

Blick zurück

Aufräumen

Früher raunten die Menschen einander zu: Ich leg' mich auf die faule Haut, ich lasse mein Geld arbeiten. Beim Arbeiten hat es sich auch noch vermehrt, sagt man. Haben Sie sich schon mal beim Arbeiten vermehrt? Wahrscheinlich nicht. Es sei denn, man definiert die dafür nötige Tätigkeit als Arbeit. Zinssätze, von denen man heute nur noch träumen kann, wurden damals von den Banken geboten. Alles vorbei. Die Niedrigzins-Geldpolitik der Europäischen Zentralbank EZB mit ihrem damaligen Präsidenten Mario Draghi hat unser Faulenzen vereitelt und hat mir mein Konzept der Alterssicherung verhagelt.

Meine Frau sagt: »Da es keine Zinsen bringt, wird es ausgegeben, das Geld.« Sie steckt es in die Ertüchtigung unseres Hauses. Es hat schon einen neuen Wintergarten gegeben, eine neue Haustür und neue Fenster. Und ein neues Badezimmer. Leider ohne Badewanne. Ich berichte darüber in meiner Kurzgeschichte »Sanitär(t)räume«. *Eine* Erfahrung, die wir dabei gemacht haben, ist die, dass man die dafür erforderlichen Handwerker anbetteln muss, um sie zum Ausführen der Arbeiten zu bewegen.

Das neueste Projekt bestand im Streichen der oberen Etage unseres Hauses. Aus meiner Sicht war es nicht nötig. Aber meine Argumente gingen unter. Man musste den Malern ermöglichen, die Arbeiten auszuführen. Also musste ich mein Arbeitszimmer, Büro oder meine Rumpelkammer, wie das Zimmer auch genannt wird, ausräumen. Hunderte Bücher, vier Gitarren, Dutzende Aktenordner, Ablagen mit Steuerunterlagen, Rechnungen und Behördenschreiben, zum Teil sehr alt, Studienunterlagen, Reiseandenken, ein uralter Gitarrenverstärker, ein Keyboard, Kleinmusikinstrumente, Muscheln,

Steine, Schlüssel, von denen ich nicht mehr wusste, in welche Schlösser sie passen, eine leicht defekte Spieluhr, schöne Modellautos, eine Stereoanlage, ein Tablet, ein altes Notebook, beide funktionslos, ein antiker Klavierhocker. Natürlich Regale für Bücher und CDs, ein alter Schrank. Die Aufbewahrungsmöbel dürften, in die Mitte gerückt, im zu streichenden Raum verbleiben, alles andere musste nach nebenan transportiert werden. Das Zimmer, das meine Habseligkeiten vorübergehend aufnehmen sollte, sah nach der Transaktion aus wie ein ausgesprochen überladener Trödelladen, in dem ich zudem noch zu übernachten hatte. Die Malerfirma hatte die Arbeiten nach zwei Tagen abgeschlossen. Nun sollte der für mich schwierigste Teil beginnen. Ich hatte mir vorgenommen, meine physischen Besitztümer deutlich zu reduzieren. Doch was wirft man weg, was behält man? Welche ganz individuellen Kriterien legt man in so einem Fall an? Fragen über Fragen. Muss ich Prüfungsvorbereitungen für mündliche Prüfungen und Klausuren vom Zweitstudium aus dem Jahr 1990 aufheben oder nicht, um meine Persönlichkeitsstruktur zu bewahren? Oje, ich begebe mich auf das Gebiet der Selbsterforschung. Die Sachen vom Erststudium hatte ich schon lange weggeworfen. Wer und wie war ich beispielsweise im Jahr 1976? Ich war jünger, ich hatte Flausen im Kopf. Der Gedanke an eine Karriere spielte damals eine nur sehr untergeordnete Rolle. Was konstituiert eine Lebensgeschichte, eine Vita, eine Biografie? Im Lebenslauf in den Bewerbungsunterlagen für eine berufliche Position stehen ganz andere Dinge als die, die für (m)ein eigenes Selbst wichtig sind. Welche Menschen waren für mich wichtig? Welche Erlebnisse, welche Erfahrungen waren wichtig? Fehlt mir etwas, wenn ich materielle Dinge weggeworfen habe? Fehlt mir ein Roman, den ich, vor sagen wir zehn Jahren, mit viel Gewinn gelesen, in den ich aber nie wieder hineingeschaut habe?

Wild entschlossen und mit einem Schuss Verzweiflung greife ich in die Kisten mit meinen Büchern, schaue kurz auf die Titel, versuche mich zu erinnern, was drinsteht; Paperbacks und Mängelexemplare landen schneller in den Kisten für ausgemusterte Bücher als andere, für die ich mehr Zeit brauche. Überholte Fachbücher, Langweiler, politische und philosophische Bücher, hinter deren Inhalten ich nicht mehr stehe. Vielleicht behindern mich solche Bücher wirklich in meiner weiteren Entwicklung, wie die Autorin eines Buches mit dem Titel »Feng-Shui – gegen das Gerümpel des Alltags« behauptet. Dutzende Bücher kommen zusammen. Mir ist ein bisschen schwindlig, mein Herz pocht und mein Atem geht schneller. Anderes Gerümpel kommt dazu. Der alte, knarzende Gitarrenverstärker, bei dem ich mich immer ein bisschen vor einem elektrischen Schlag fürchtete. Krimskrams, die Spieluhr, leere alte Aktenordner, das alte Notebook, das kaputte Tablet. Ich trage die Altlasten vor die Haustür.

Ich erweitere den Kofferraum des Autos durch Umlegen der Rückenlehnen der Rückbank. Der Laderaum ist gut gefüllt, als ich in Richtung Wertstoffhof aufbreche. Traurig ist es schon, Bücher in den Altpapiercontainer des Recyclinghofs werfen zu müssen. Aber der Leiter der Stadtbibliothek, dem ich schon bei meiner letzten Bücheraussortierungsaktion meine Schätze angeboten hatte, würde auch diesmal wieder dankend ablehnen. Meine Feng-Shui-Autorin hatte das als gute Lösung vorgeschlagen, um alte Bücher loszuwerden. Weil man sie, die Bücher, dann noch mal besuchen könnte. Aber so?!

Wie ich mit den materiellen Teilen meines – wunden – Ichs in die Straße vorm Wertstoffhof einbiege, an der Ecke das Asylbewerberheim, was wichtig ist für meine Geschichte, stehen dort zwei junge Männer mit schwarzen Haaren, scharf geschnittenen Gesichtern und dunkelbraunen Augen. Migrationshintergrund schließe ich messerscharf. Ich lächle ihnen zu und fädele mich in den stockenden Verkehr der Fahrzeuge ein, die alle zum Wertstoffhof wollen. Einer der beiden Männer läuft los und trabt neben meinem Auto her. Er senkt den Blick und schaut schräg in das Wageninnere. Er scheint etwas zu erspähen; er bedeutet mir, die Scheibe herunterzulassen, er will mir etwas sagen. Ich betätige den Fensterheber. Er deutet auf die Bücherkisten und fragt mich, ob er die Bücher haben könnte. Ich sage, ich müsse noch ein bisschen vorfahren, um die mir nachfolgenden Fahrer nicht zu verärgern. Im Geist höre ich schon die ersten Huper. Ich halte an einer geeigneten Stelle. Jetzt muss alles ganz schnell gehen wegen der ungeduldigen Wertstoffhofbesucher hinter mir. Der zweite junge Mann hat sich hinzugesellt. Sie wollen alle Bücher und den Gitarrenverstärker. Sie haben aber keine Behältnisse, um ihre Beute abzutransportieren. Ich sage, nehmt die Bücher mit den Klappkisten, aber ich müsse die Kisten wiederhaben. Einverständiges Nicken und die Verabredung, dass, wenn ich meine restlichen Sachen im Recyclinghof losgeworden wäre, sie an der Unterkunft auf mich warten würden, um mir die Behälter zurückzugeben. Sie schleppen ihre Lasten davon.

Wagen für Wagen rückt vor. Nach nur zwanzig Minuten bin ich am Ziel. Da ich nur noch die Hälfte abladen muss, geht es flott. Beim Ausschütten des Papierkorbs mit Kleinkram, beginnt meine Spieluhr ihre traurige Melodie gedämpft im Sperrmüllcontainer zu spielen. Mir zerreißt es schier das Herz. Ich muss jetzt ganz stark sein. Ich setze mich ins Auto, ich presche davon und mache Platz für den nächsten, der seinen Wohlstandsmüll loswerden will. Ich bin gespannt. An der verabredeten Stelle stehen die beiden jungen Männer und erwarten mich schon mit meinen Kunststoffkisten. Ich frage den, der mich angesprochen hatte, woher sie kämen, und wo er sein Deutsch gelernt hätte. Beide kämen aus dem Kosovo, Deutsch könne er aus der Schule und untereinander sprächen sie serbisch. Ich frage: Was wollt ihr mit den Büchern machen? Der Wortführer schaut mich erstaunt an und sagt: Lesen! Da hätte ich auch selbst draufkommen können. Ich freue mich, dass meine Bücher doch erst mal nicht im Reißwolf landen, sondern der Bildung dienen.

Viel später einmal wird der ehemals junge Mann seinen Enkeln erzählen, dass seine erstaunliche Karriere in Deutschland damit begonnen habe, dass ein Mann ihm alte Lexika, Romane und Sachbücher geschenkt habe, die der eigentlich auf den Müll bringen wollte.

»Eten un drinken smecket, (blot immer so mööi mööi)!« – Erinnerungen an meine Urgroßmutter

Ich war fünfzehn, als meine Urgroßmutter starb. Sie starb 1966 im Alter von 84 Jahren. Für mich damals ein methusalemisches Alter. Heute hat meine Mutter ihre Großmutter schon um drei Jahre übertroffen. Meine Urgroßmutter hieß Emma Fröhlich. Das war kein Künstlername. Sie hieß wirklich so. Heute könnte ein weiblicher Comedian so heißen. Sie lebte, nein, sie residierte in Osterode im südlichen Harzvorland. Geboren wurde sie 1882, im vorletzten Jahrhundert, im sieben Kilometer von Osterode entfernten Förste. Ihr Vater war – wie sie nicht müde wurde zu erzählen – Schweinehirt. Der war mein Ururgroßvater. Je weiter man nämlich in der eigenen Ahnenreihe zurückgeht, umso ländlicher und handwerklicher werden die Berufe, die die Vorfahren ausübten. Also auch heute immer schön auf dem Teppich bleiben. Und sich nicht zu viel auf etwas einbilden. Zurück zu Emma Fröhlich: In meiner Kindheit besuchten wir sie öfter. Wir wohnten damals in Salzgitter-Lebenstedt, einer ziemlich seelen- und charakterlosen Retortenstadt. Nach Osterode waren es vielleicht siebzig Kilometer. Doch die Anreise in einem alten VW-Käfer-Standard mit dreißig PS zog sich auf den in der Mitte des zwanzigsten Jahrhunderts noch nicht gut ausgebauten Bundesstraßen doch ziemlich, obwohl mein Vater sein Bestes gab, um dem Luftgekühlten ordentlich die Sporen zu geben. Und besonders Gefällestrecken nach unten sorgten für Gelegenheiten, das Letzte aus dem Käfer zu holen – 120 Sachen, samt Windgeräuschen und starken Vibrationen der Karosse. Meine arme Mutter wurde von Zeit zu Zeit bis an die Grenze zu einer Panikattacke getrieben, aber diesen Ausdruck kannte man damals natürlich nicht. In ihrer Angst bei aus ihrer Sicht gefährlichen Situationen, waghalsigen Überholmanövern und scharf gefahrenen Kurven, rief sie häufig den Namen ihres Mannes, meistens dreimal hintereinander: »Werner, Werner, Werner!« Ich glaube, mein Vater mochte beides: Das schnittige Autofahren und die ängstlichen Rufe meiner Mutter. Gern rauchten meine Eltern auf so einer Autotour. Lux-Filter. Und sorgten so für dicke, rauchgeschwängerte, blaue Luft im engen Innenraum, die das Atmen schwer machte. – Angekündigt wurden solche Besuche bei Mutters Großmutter mit der Briefpost oder Postkarten.

Die Parkplatzsuche bei der Ankunft gestaltete sich einfach. Vor dem Haus gab es immer eine Lücke. Meine Urgroßmutter besaß ein altes Fachwerkhaus in einem Straßenzug namens Rollberg. Es stammte aus dem siebzehnten Jahrhundert. In Parterre gab es ein kleines Ladengeschäft, vielleicht ein Handarbeitsladen. Ich kann mich nicht daran erinnern. Wir klingelten und erklommen eine steile Holztreppe im dunklen Treppenhaus. Eigentlich mehr eine Stiege als eine Treppe. Im ersten Stock gelangten wir an ihre Wohnungstür mit Pressglasfenster und Kastenschloss. Auf lautes Klopfen tauchte schemenhaft eine Gestalt hinter dem Glasausschnitt auf und meine Urgroßmutter öffnete die ein bisschen schief in den Angeln hängende Tür. Sie hieß uns freundlich willkommen. Wie immer hatte sie ihr dunkelblaues Schürzenkleid mit den weißen Pünktchen an. Meine Urgroßmutter hatte die Figur einer Litfaßsäule, sicher wog sie zwei Zentner, jedenfalls meinte das mein Vater immer, aber nur wenn wir unter uns waren, also ohne Emma. Sie aß gern und gut. Ihr rundes Gesicht war gerahmt von schneeweißem Haar, das ein bisschen zu leuchten schien und wie ein Heiligenschein wirkte. Im Gegensatz dazu hatte sie über ihren energischen, brillenlosen Augen pechschwarze Augenbrauen, die einen starken Kontrast zu ihrem Haar darstellten. Sie schien sich über unsere Ankunft zu freuen. Denn ihre Begrüßung bestand aus im Greisinnensopran ausgerufenen, fast gesungenen Lauten, die nicht immer verständlich waren. »Nu aber rein in die gute Stube!« »Stube« sprach sie natürlich mit getrenntem »St«. Auf dem runden, dunklen Tisch mit dem selbstverständlich selbstgehäkelten Häkeldeckchen standen schon die Kuchenteller und Sammeltassen mit Goldrand und allerlei floralem Dekor, Rosen, Glockenblumen, Tulpen. In der alten Küche, mit der mit Kohle und Holz beheizbaren Kochmaschine, stand, wie immer, das Blech mit Schmandkuchen bereit, schön dick mit Zucker und Zimt bestreut. Nun musste der Bohnenkaffee bereitet werden. Man sagte Bohnenkaffee, denn dass es echte Kaffeebohnen waren, aus dem man den Kaffee bereitete, war nicht selbstverständlich. In einer Kaffeemühle aus Holz mit Kurbel, Deckel und einer kleinen Schublade unten für das fertige Kaffeepulver wurden die Bohnen gemahlen. Ich durfte auch mal. Es war aber ziemlich schwer. In einer Kaffeekanne wurde das Pulver mit heißem Wasser aufgebrüht. Nach einer gewissen Zeit war der Kaffee trinkbereit. Er wurde durch ein Kaffeesieb in die Sammeltassen gegeben. Er war nicht sehr stark, denn Kaffee war kostbar und teuer. Die Kanne hatte an ihrer Tülle ein Schaumstoffblöckchen mit einem Gummi befestigt. Es verhinderte Tropfen auf der Häkeldecke. Um den Kaffee in der Kanne warm zu halten, hatte sie eine Kaffeemütze, einen Kannenwärmer. »Wenn wir wolln, dann könn' wir schon«, rief meine Urgroßmutter aus. Und das Kaffeetrinken konnte beginnen. Ich meine, ich hätte Muckefuck mit Milch bekommen. Das war Gerstenkaffee aus gerösteter Gerste. Ich langte kräftig zu, wurde aber nach dem dritten Stück ausgebremst. Ich war ein ziemlich dickes Kind. – Nachdem ich um Erlaubnis gefragt hatte, ging ich zu meinem Lieblingsplatz bei meiner Uroma. In der Stube war vor dem Fenster zur Straße ein Holzpodest aufgestellt, vielleicht zwanzig Zentimeter hoch, auf dem ein schräg zum Fenster ausgerichteter, bequemer Ohrensessel stand. Das war Emmas Ausguck aufs Leben, aufs Straßenleben. So was wie ihr Fernseher. Es gab immer was zu gucken. Autos, aber wenige, die ich als Kind an ihrem Motorgeräusch unterscheiden konnte, Menschen mit und ohne Einkaufsnetz – keine Plastiktüten. Streunende Hunde, Kinder mit Ranzen auf dem Weg zur Schule, Radfahrer. Die Fensterflügel wurden mit Riegeln geöffnet und geschlossen. Die geteilten Scheiben bestanden aus einfachem Glas, das mit Kitt am Rahmen befestigt war. Nahe beim Podest gab es eine Standuhr aus reich verziertem Holz, groß wie ein Mensch, mit Gewichten und Perpendikel hinter Glas. Zur halben und vollen Stunde gab sie freundliche Glockenschläge von sich. Die langsamen Bewegungen des Uhrpendels machten gemütliche Geräusche, wie die ganze Uhr von Zeit zu Zeit sich mit schnarrenden Lauten aus ihrem Uhrwerk hören ließ. Auf ihrem Vertiko, das in seiner ganzen geschnitzten kitschigen Pracht wohl aus der Wilhelminischen Ära stammte, stand wiederum auf Häkeldeckchen kleiner Nippes. Im Zimmer ging es auf ausgetretenen Perserteppichen mal bergauf und bergab, weil der Fußboden schräg war, wie das ganze Haus. Und es quietschten die Dielen. Ich hörte gerade, wie meine Urgroßmutter sagte: »Was Oma backt, schmeckt immer gut«. Das konnte sich aber dann auch auf die Koteletts beziehen, die noch in Aussicht standen zum Abendessen mit Salzkartoffeln und Rotkohl, selbst angebaut aufm Garten, der sich wie »Gachten« anhörte. Der lag außerhalb der Stadt und wurde regelmäßig mit dem Handwagen angefahren.

Meine Urgroßmutter starb nach einem Oberschenkelhalsbruch im Krankenhaus, in dem sie sich eine Lungenentzündung zugezogen hatte. Sie war auf der steilen Stiege im Treppenhaus gestürzt. In meiner Familie wird gesagt, sie wäre Opfer ihrer Sparsamkeit geworden, weil im Flur nur eine fünfzehn Watt Glühbirne gebrannt hätte. Ich denke manchmal an sie.

Wir waren Detektive …

Ich hatte jahrelang eine gut gehende Detektei. Mein Büro lag im Hohlraum unter der Kellertreppe unseres Wohnhauses und war stockdunkel. Es hatte kein Tages-, aber auch kein elektrisches Licht. Es war eine Art Krypta. Ich klaute zu Hause Haushaltskerzen und Streichholzschachteln mit der Aufschrift »Haushaltsware 5 Pf. Deutsche Zündwaren – Monopolgesellschaft«. Mit beidem ging ich sehr sparsam um. Geheimbesprechungen mit befreundeten Detektiven wurden oft in absoluter Dunkelheit geführt. Das war äußerst abenteuerlich. Und es roch ganz speziell. Eine Mischung aus alter Katzenkacke und dem Duft von Stearinkerzen und abgebrannten Welthölzern, die es erst in gelbbraunen dann in blauen Schachteln gab. Die Fälle, die ich bearbeitete, waren kompliziert. Wem gehörten die fünfzig Pfennig, die vor der Haustür lagen? Wohin war der strapazierte Fußball, der wegen Schießens auf Garagentore eingezogen war – was wunderbare Bumsgeräusche produziert hatte – verschwunden? Und wie kriegte man ihn wieder? Wie konnte man die Katze, Pussy war ihr Name, davon abhalten, in mein Büro zu kacken?

Detektei Harry und Partner, das waren außer mir: Arno Rabenstein, Hellmuth Möller und Luigino Rossi. Luigi war der Sohn eines frühen italienischen Gastarbeiters, dessen Vater einen VW Käfer mit Weißwandreifen besaß – der ganze Stolz der Familie. Mit Luigi spielten wir integrativ und inklusiv, was ich aber erst viel später begreifen sollte.

Ausgerüstet waren wir mit Lupen, kleinen Blöcken und Stummelbleistiften. Unsere neue Bewaffnung war geplant, aber teuer: drei Mark fuffzich; Revolver aus Metalldruckguss mit Superpeng-Munition, also kleinen Patronen, ziemlich laut, die eine gewaltige Verbesserung gegenüber den damals üblichen Zündplättchen bedeutete. Die gab es als Einzelplättchen – das bedeutete, man musste nach jedem Schuss neu laden – und als Rolle, die in das Rollenmagazin eingelegt werden musste. Sie ermöglichte Dauerfeuer und roch so gut nach Schießpulver.

Die Katze, die uns immer ins Büro schiss, war eigentlich eine verzauberte Prinzessin, die uns durch ihre Notdurft ihre Not verdeutlichen wollte. Bis wir dieses Anliegen verstanden hatten, dauerte es eine ganze Weile. Wir ermittelten in alle Richtungen, hatten aber dann diesen speziellen Ermittlungsansatz und bildeten eine Soko: Soko »Verwunschene Prinzessin«. Arno, Hellmuth, Luigi und ich. Wie wir aus der einschlägigen Literatur wussten, verwandeln sich verwunschene Prinzessinnen in der Stunde nach Mitternacht in ihre ursprüngliche Gestalt, um dann wieder die Zaubergestalt anzunehmen. Was war zu tun? Wir hatten ein Problem. Wir waren alle neun Jahre alt und in der dritten Klasse der Volksschule am Amselstieg. Unsere Lehrer waren Herr Reisener, Frau Mundlos und Fräulein Gurtmann. Das Fräulein hatte die Zensurenskala oberhalb von »Sehr gut« durch »Lobenswert« und »Herzensgut« erweitert. Erreichte man diese, so bekam man eine leere Buntstiftschachtel oder einen schönen Kieselstein oder irgendeine andere Kleinigkeit zur Belohnung.

Also wir konnten natürlich nicht so lange aufbleiben, bis Mitternacht. Doch wir hatten eine Idee. In unserer Butze unter der Treppe war es ja immer stockdunkel, so wie die Mitternacht. Wir kauften eine klitzekleine Menge Mett beim Schlachter und bekamen bei der Gelegenheit jeder eine Scheibe Fleischwurst auf die Faust. Dann legten wir nachmittags um fünf den Köder für die verwunschene Prinzessin im Detektivbüro aus. Wir warteten eine ganze Weile. Und schließlich klappte es. Die Katze stolzierte mit steil aufgerichtetem Schwanz, schwarz glänzendem Fell und mit glühend gelben Augen um den Mauervorsprung, wo wir uns flüsternd auf die Lauer gelegt hatten. Wir warteten so lange ab, bis sie sich vor Vergnügen knurrend über das Fleisch hermachte. Alle hatten wir Streichhölzer und Kerzen parat. Auf Kommando entzündeten wir die Kerzen. Licht flammte auf. Wir hatten Zaubersprüche vorbereitet. Ich begann: »Grüß dich Zachiel, wenn's Möndel ins Körbl scheint, bind los Zachiel, zu guter Stunde!« »Hokuspokus Fidibus, dreimal schwarzer Kater«, murmelte Hellmuth. Katzendreck und Eulenschrei, was verschwunden ist, kommt schnell herbei, sagte Arno auf. Simsalabim! rief Luigi. Aber nichts tat sich. Keine blonde oder brünette Schönheit mit Krönchen und im Prinzessinnenkleid, die aus dem Boden poppte. Die Katze duckte sich nur, legte die Ohren an, fauchte ganz gehörig, das Nackenfell sträubte sich. Und dann sauste sie unter Protest aus unserm Kellerversteck. Dieser Fall war noch nicht gelöst. Aber es würden sich weitere Fälle für das Detektivbüro Harry und Partner ergeben.

Sanitär(t)räume

Ich trauere um meine Badewanne. Beim Einzug hatte ich sie mit Badewasser Luise getauft, wie die Frau Friedrichs des Dritten von Preußen. Eines Tages kamen im Morgengrauen aber kräftige Klempnergesellen, die heute Anlagenmechaniker für Sanitär-, Heizungs- und Klimatechnik heißen, und rissen sie, die stählerne, email-überzogene – wenn man's liest, sieht's aus wie »E-Mail« – grob aus ihrer Verankerung und zogen ihr das Fliesenkleid aus. Ich meine, wässrig tropfende Tränen aus ihrem Abfluss gesehen zu haben. Ein trauriger Anblick. Senkrecht wurde sie wie ein Sarg ohne Inhalt unser schmales Treppenhaus hinunter gewuchtet, ohne dass die Gesellen zu große Schäden dabei anrichteten. Allerdings nicht bevor sie das Treppenhaus und den Flur mit grauem Vlies ausgelegt hatten, um Schmutz und Beschädigungen abzuhalten. An der Stelle, wo die Wanne über zwanzig Jahre gestanden und mir treue Dienste geleistet hatte, klaffte nun ein hässliches Loch. Im Hohlraum unter der Wanne hatten zudem Männer des Bauhauptgewerbes (vermutlich Männer, es gibt so wenige Frauen dort) damals große Batzen überzähligen Mörtels hinterlassen, gut ausgehärtet in all den Jahren und ein wenig wie erkaltete Lava aussehend. Nachdem auch Dusche und Duschwanne entfernt waren, kamen Bohrhammer und Meißel zum Einsatz, um die gröbsten Brocken zu entfernen. Das Reihenhaus vibrierte unter den martialischen Schlägen. Dann wurde Erich, nein, Estrich angerührt und aufgetragen, um auf ein Niveau mit der restlichen verfliesten Bodenfläche zu kommen.

Die Dame de maison hatte beschlossen, dass unser Bad künftig nur noch eine geräumige, bodengleiche Dusche haben sollte und keine Bade- oder Duschwanne mehr. Widerstand war zwecklos. Ich führte die nicht unerheblichen Kosten ins Feld, den Schmutz, den Lärm bei der Erstellung, das wochenlange Nicht-benutzen-Können des Badezimmers. Nichts half. Es kam so, wie es kommen musste. Die Fliesenleger sprachen sich nicht gründlich genug mit den Anlagenmechanikern für Sanitär-, Heizungs- und Klimatechnik ab, so dass das Bad nach zweieinhalb Wochen zwar ästhetisch einigermaßen befriedigend aussah, aber nicht so, wie es im Plan stand. Die Gewerke schoben die Schuld für die kleinen Debakel gerne auf den jeweiligen Anderen und machten die vorfindlichen Gegebenheiten für die Planabweichungen verantwortlich. Dennoch waren wir der Auffassung, dass wir die Absprachen zwischen den Beteiligten mit- gekauft hatten. Derweil versuchten wir, unsere Körperhygiene auf ein Minimum zu reduzieren. Sie fand im Gäste-WC statt, da das Bad natürlich nicht benutzbar war. An dieser Stelle verlassen wir irgendwie den literarischen Boden der Glosse.

Das Endergebnis ist jedenfalls ein mit eleganten Bodenfliesen im Granitlook, Edelstahlschienen an Fliesenkanten, mit edler Glasabtrennung und Duscharmatur, wie sie nur die Designer von Hans Grohe schaffen können, und mit alabasterfarbenen Wandfliesen in moderner Verlegung ausgestattetes Badezimmer.

Nur: Die Wanne ist weg. Ich bin traurig. Wo soll ich jetzt ein Vollbad nehmen? Für mehr als zwanzig Jahre lag ich gern lange in der Wanne, um zu träumen, zu lesen oder zu telefonieren, auch mal ein Glas Rotwein auf dem Rand. Wie habe ich es genossen: ein Nickerchen zu machen, den Schaumbläschen beim Platzen zuzuhören, ein Gummibärchen schwimmen zu lassen, dem Wasser beim Erkalten nachzuspüren, bis die Fingerkuppen wellig wurden. Alles vorbei. Ich rufe in die Welt: Wer kann mir dann und wann ein Vollbad einlassen?

Ich stelle mir vor, wie meine Wanne mutterseelenallein unter freiem Himmel beim Altmetallhändler auf dem Recyclinghof steht, friert und sich nach warmem Badewasser sehnt … und nach mir.

Aus der Welt der Elektrizität – Heinrich Göbel, Springes größter Sohn

Wie Heinrich Göbel nicht nur die Glühlampe, sondern auch das Smartphone erfand

Heinrich stand in seiner New Yorker Werkstatt, die im Erdgeschoss gelegen war, und hatte einen schimmernden, glimmenden Klotz in der Hand, denn es war ihm gelungen, einen Glühfaden und eine riesige Batterie zu entwickeln. Gleichzeitig rief er mit lauter Stimme in den ersten Stock: »Du kannst schon mal die Kartoffeln aufsetzen, Sophie! In einer halben Stunde mache ich Feierabend.« »Ist gut, Heinrich«, ließ sich Sophie durch die Decke hören. Da es aber nur *ein* Smartphone gab, geriet die Erfindung wieder in Vergessenheit.

Der elektrisch beleuchtete Suppenlöffel

Einmal ersann Heinrich Göbel den elektrisch beleuchteten Suppenlöffel, mit dem man im Stockdunklen Suppe essen konnte. Es gelang ihm aber nicht, die empfindliche Mundhöhle gegen die stromführenden Teile des Löffels zu schützen, bzw. abzuschirmen. Er dachte noch darüber nach, dass es ja reichte, wenn der Löffel nur leuchten würde, um den Weg zum Suppenteller zu finden und dann den Weg zum Mund, denn die Mundhöhle musste ja nicht beleuchtet werden, also das Licht abgeschaltet werden könnte, sobald die Lippen erreicht wären. Somit wäre die Gefahr des elektrischen Schlages abgewendet. Aber Heinrich war von der Idee für eine neue Erfindung abgelenkt, und deshalb verschwand der beleuchtete Suppenlöffel aus dem Kanon wichtiger Erfindungen.

Die elektrische Klingelmatte

Eines Abends, nachdem Heinrich Göbel mit seinem Wägelchen im Dunkeln durch die Straßenschluchten Manhattans gezogen war, aus Reklamegründen für seinen kleinen Feinmechanikladen in der Monroe Street 271 mit einer riesigen Glühbirne, die vor sich hin glomm, gespeist von einer großen schweren Batterie auf seinem Wägelchen und viel staunendes Publikum auf sich aufmerksam gemacht hatte, kehrte er heim und wollte sich mit einem guten Brandy in der Ruheecke seiner Werkstatt in seinem bequemen Sessel verwöhnen. Um vor seiner Ehefrau Sophie sicher zu sein, die das nicht so gerne sah – und das war untertrieben – hatte er eine Klingelmatte konstruiert, die im Eingang seiner Arbeitsräume lag. Trat jemand darauf, wurde ein elektrischer Kontakt geschlossen und es ertönte ein Klingelzeichen und ein Glühbirnchen leuchtete auf. Heinrich hatte dann genügend Zeit, Flasche und Glas in ihr Versteck zurückzustellen.

Der schneefreie Vorgarten

Großes Erstaunen bei den New Yorkern rief Heinrich Göbel dadurch hervor, dass in seinem Vorgarten vor Werkstatt und Wohnung in der Grand Street 468 in dem harten Winter 1878 der Schnee, sobald er auf die Rabatten gefallen war, schmolz und wie verschwunden blieb, während in allen anderen Vorgärten Eis und Schnee sich türmten. Der New York Chronicle, Observer und New York Times berichteten darüber. Heinrich hatte herausgefunden, dass elektrischer Strom, wenn man ihn durch eine entsprechende Leitung schickte, Wärme erzeugte, die Göbel nutzte, um über im Boden des Pflasters verlegte Drähte den Schnee zum Tauen und Schmelzen zu bringen. Leider schwächte das die Kapazität seiner chemischen Batterien so sehr, dass Heinrich diese Anwendung bald wieder aufgab, und sie in Vergessenheit geriet.

Das elektrisch betriebene Puppenkarussell

Sophie, Göbels Ehefrau, berichtet: »Als unsere Tochter Leni fünf Jahre alt wurde, baute er (Heinrich Göbel) ein elektrisch betriebenes Miniaturkarussell, das Lenis Puppe Katarina im Kreis fahren ließ und ein kleines Riesenrad, welches Katarina auf und nieder hob. Das waren die kleinen Urmodelle für die späteren riesigen Fahrgeschäfte auf Coney Island.«

Die Frankenstein-Katze

Einmal war Göbels Tochter Leni sehr traurig, weil ihre Katze Mimi gestorben war. Heinrich Göbel hatte Mary Shelleys »Frankenstein« von 1818 gelesen und einen Blitzfänger oder Blitzableiter nach dem Vorbild von Benjamin Franklin, der sogar Präsident von Pennsylvania geworden war, an seiner Werkstatt installiert. Da Mimi noch nicht lange tot war, als ein schweres Gewitter über Brooklyn aufzog und ein Blitz in Göbels Apparatur fuhr, erstand die Katze vom Tode, wurde wieder lebendig und leistete Leni noch mehrere Jahre Gesellschaft. Doch etwas Eigentümliches ging von ihr aus, und ihre Augen glitzerten gefährlich.

Die Anfänge des Elektroautos

Frank Sinatra (»New York, New York«) hatte schon frühzeitig die Problematik von Abgasen aus Verbrennungsmotoren erkannt. Und hatte Heinrich Göbel mit der Entwicklung eines elektrisch betriebenen Fahrzeugs beauftragt. »If I can make it there, / I'll make it anywhere. / It's up to you, New York, New York.« Über den Plänen für dieses Auto verstarb der geniale Springer am 4. Dezember des Jahres 1893 in New York. Noch im Augenblick seines Todes hat Heinrich eine große Vision: Er sieht eine übergroße, symbolische Glühbirne am Hange des Deisters, nahe seiner Heimatstadt Springe seinem Andenken gewidmet und die nachts zu seinen Ehren leuchtet.

Goethe in Springe

»Mehr Licht …«, so lauten Goethes letzte Worte auf seinem Totenbett in Weimar. Und aus diesem letzten Wunsch vor seinem Tode ergibt sich ein tiefer Zusammenhang zwischen dem größten deutschen Dichter und der nur scheinbar unbedeutenden Kleinstadt Springe. Springe hat mehr mit Goethe zu tun, als man bisher landläufig anzunehmen bereit war. Kaum zwanzig Jahre nach Goethes Todesjahr 1832, erfand Heinrich Göbel, ein Sohn der Stadt, den Goethe schon im Faust vorausahnte, »Heinrich, mir graust's vor dir …« das elektrische Licht. Andere sagen, Thomas Alva Edison. Das ist Verblendung.

Johann Wolfgang von Goethe weilte im Jahr 1801 mit seinem zwölfjährigen Sohn August im Staatsbad Pyrmont. Am 25. August, um halb neun, brach er mit seinem Sohn zu einer Kutschfahrt in das gar nicht weit entfernte Springe auf. Er wollte unbedingt die geologischen Formationen der Deisterpforte kennen lernen. Nach nur zwei Stunden Reisezeit rollte der Landauer im Städtchen ein. Goethe besuchte die Sankt-Andreas-Kirche, besah sich kennerisch den berühmten Altar und erkundigte sich anschließend bei einem Passanten nach einem adäquaten Gasthause. »He da!« rief er ein Bäuerlein an, das gerade des Weges kam. »Nenne er mir ein gutes Wirtshaus!« Und so kehrte der Dichter im Goldenen Löwen ein und aß mit gutem Appetite einen Schweinsbraten mit Sauerkohl und Kartoffeln und trank ein saures Bier dazu. August musste sich mit einem stillen Wasser begnügen.

In den berühmt gewordenen »Pyrmonter Tagebüchern« von 1809 schreibt Goethe: »25. Tag des Augustus anno 1801 um halb drei, nach einem kommoden Mittagsmahle« die Verse:

Seh' ich Springe,
Bin ich guter Dinge!
Singe, Seele!
Sing' von Springe!
Schau' ich mich in Springe um,
Fühle ich's Elysium.

Ende des Zitates. Tiefer und inniger kann niemand seine Gefühle für das Städtchen zum Ausdruck bringen. Anschließend besteigt Goethe mit dem maulenden August den wilden Ebersberg, marschiert weit ausschreitend auf dem Kammweg noch bis zum Gipfel des Bielstein und verfasst dort die dritte Fassung von »Wanderers Nachtlied« – er ergänzt:

Über allen Gipfeln
Ist Ruh,
In allen Wipfeln
Spürest du
Kaum einen Hauch;
Die Vöglein schweigen im Walde.
So singe du, *Seele,*
Von Springe! Und schwinge!
Warte nur, balde
Ruhest du auch.

So steht der Bielstein in Springe in einer Reihe mit dem Kickelhahn im Thüringer Wald, auf dem Goethes erste Version von »Wanderers Nachtlied« entstanden sind. Auf diese Weise ist Springe doppelt geadelt: Einerseits durch die Forderung Goethes nach mehr Licht, der unser Heinrich Göbel auf wunderbare Weise nachkam *und* durch die Erweiterung des berühmtesten deutschen Gedichts auf geniale Art durch den Meister selbst.

Ich fordere jährliche Goethe-Göbel-Festivals, oder, besser in unsere schnelllebige Zeit passend, Gö-Gös, Linguistische Symposien und Festspielwochen unter dem Motto

»Mehr Licht …« Ein Spielfilm ist überfällig mit Till Schweiger als Goethe und Helene Fischer als Gretchen, nein, was sage ich, als Springer Mariechen. Die besten Musicalschreiber mögen sich an ein Musical »Johnny und Henry« setzen. Man beantrage außerdem Springes Anerkennung als Weltkulturerbe. Mehr ist dazu nicht zu sagen!

Zu guter Letzt

Nasenhaartrimmer

Früher trug ich mein Nasenhaar so wild und so lang wie mein Haupthaar. Und mein Schnurrbart war eine natürliche Symbiose mit meinem Nasenhaar eingegangen. Lang ist's her. Wir wollten so aussehen. Das mit dem Haupthaar hat sich inzwischen erledigt. Auch des Schnurrbarts habe ich mich inzwischen aus ästhetischen Gründen entledigt. Für das Nasenhaar, welches für das menschliche Leben viel wichtiger zu sein scheint als das Haupthaar, denn es wächst und gedeiht, habe ich mir einen Nasenhaartrimmer gekauft, um es zu zähmen, da ich sonst wie ein usbekischer Kleinbauer, ein Kulak, aussehe. An dieser Stelle möchte ich mich des Verdachts erwehren, ich würde das tapfere usbekische Volk oder den Kulakenstand diskriminieren wollen. Ich sende einen anerkennenden Gruß an beide, das Volk und die Kulaken.

Der Nasenhaartrimmer ist ein kleiner daumendicker und daumenlanger Apparat, der in seinem oberen Teil über abgeschirmte, rotierende Messer, einen Schalter und im unteren Teil über ein Batteriefach verfügt. Vor der ersten Benutzung fürchtete ich mich, denn mir war unklar, wie man kräftige Nasenhaare trimmt, ohne die empfindlichen Naseninnenwände zu verletzen.

Unter innerer Anspannung führte ich den Scherkopf in das rechte Nasenloch. In das mittellaute, helle Surren des Motörchens mischte sich ein einzigartiges, kräftiges, knackendes Rasseln oder rasselndes Knacken der abgetrennten Haare, das nur der kennt, der einen Nasenhaartrimmer sein Eigen nennt.

(Ich sehe einige Kenner im Saal.) Es tat nichts weh, und es blutete nicht. Ich entspannte mich und lächelte ein debiles Lächeln, weil mir nichts geschehen war. Ich konnte das gut sehen, denn die Prozedur fand vor unserem Badezimmerspiegel statt. Ich bearbeitete das linke Nasenloch, und ich sah, dass es gut war. Dann nahm ich stillvergnügt den Nasenhaartrimmer-Scherkopf ab, um das Nasenhaarmehl zu entfernen. Doch wie ich auch schaute, ich fand nichts dergleichen. Man kann nur einen Ohrhaartrimmer anflanschen. Es gibt auch keine anderen Teile außer dem Scherkopf abzuschrauben, hinter denen sich ein Nasenhaarmehl-Auffangbehälter verbergen könnte.

Ich begann, an ein Mysterium zu glauben, ein metaphysisches Geschehen: Das wundersame Verschwinden des Haarmehls. Auch wollte ich ein singuläres Ereignis nicht mehr ausschließen, das eintritt, wenn die Einstein'sche Allgemeine Relativitätstheorie ihre Gültigkeit verliert, wie im Urknall oder in Schwarzen Löchern. Vergleiche auch in der Waschmaschine verschwindende Socken.

Nach oftmaligem Gebrauch im äußeren Gehörgang und in den Nasenlöchern gab es keine Spuren von Ohr- und Nasenhaarmehl.

Falls jemand mehr weiß, vielleicht diskret nach der Veranstaltung bei mir melden, um dieses Menschheitsrätsel mit mir gemeinsam zu lösen.

Zipperlein

Au, au, au. Viele kennen ihn. Den über Nacht auftretenden Schmerz im Grundgelenk des großen Zehs. Schon die Berührung der Bettdecke tut heftig weh. Außerdem ist er heiß und rot und dick geschwollen. Der Fuß passt kaum noch in den Schuh. Podagra hieß das Phänomen bei den Römern, und kommt von Fuß. Heute sagt man Gicht, früher Zipperlein, das sich aus dem Mittelhochdeutschen von »zipfen« für »trippeln« ableitet. Es beschreibt meine augenblickliche Art zu gehen. Trippeln nämlich. Bewegung tut gut und regt die Durchblutung an, was wiederum die Heilung befördert, sagt meine Frau und so trete ich trippelnd eine Wanderung mit ihr in den schönen herbstlichen Osterwald an. Mein rechter Wanderschuh scheint zu klein und so kämpfe ich mich mit der Krankheit der Könige über die geschwungenen Forstwege. Nur Könige hatten die Mittel, lecker Purin haltige Speisen zu essen und feinen Wein zu trinken. Bei mir ist es eine angeborene Stoffwechselstörung, und auf die Frage meines Arztes, ob ich ausschweifend gelebt hätte, kann ich nur mit einem entschiedenen Nein antworten. Immer wieder werde ich auf die bewundernswerten Schönheiten der Natur aufmerksam gemacht. Sei es auf besondere Wuchsformen der mannigfaltigen Bäume, sei es auf absterbende Exemplare, die die zunehmende Änderung der klimatischen Bedingungen nicht vertragen. Auf Tierstimmen, insbesondere Vogelgesang, bei dem ich aufgefordert bin, die Arten herauszuhören. Doch ich bin ziemlich mit mir und mit meinem rechten Fuß beschäftigt. Mitten im Wald treffen wir auf eine Kastanienallee, deren Individuen zwar gehörig von der Miniermotte geschädigt sind, aber in großzügigster Weise ihre Früchte auf den Waldweg gestreut haben. Braun glänzende

Exemplare, die das Herz erfreuen, schön in der Hand liegen und die Erinnerungen an lange vergangene Bastelorgien in der Kindheit hervorrufen. Ich vergesse zeitweilig meine Gebresten. Obwohl ich kein so geschickter Bastler war. Meist wurden es dickköpfige braune Tiere, die wackelig auf vier Streichholzbeinen standen, mit roten oder braunen Füßchen aus Phosphor. Es geht ein frischer Wind, und so werde ich mehrere Male von dicken Kastanien getroffen. Auch am Kopf. Ich rufe, ihr seid hinterhältig. Ich gerate in Sammelwut. Ich sammele so lange, bis die Taschen meiner Wetterjacke pickepackevoll sind. Ich will zu Hause basteln, ja basteln. Die Schmerzen sind wieder da. Ich tröste mich damit, dass Paläontologen, also Wissenschaftler, die alte Knochen aus dem Boden graben, schon bei den Sauriern, auch bei dem berühmtesten, Tyrannosaurus Rex, Anzeichen von Gicht an deren Knochen gefunden haben. Meine Krankheit ist also mindestens siebzig Millionen Jahre alt. Das will doch was heißen. Nach nahezu drei Stunden Wanderung sind wir wieder zu Hause, und ich ziehe mir vor Schmerzen stöhnend meine Wanderschuhe aus. In Socken trippele ich durchs Haus, denn auch die Hausschuhe sind zu klein. Ursächlich kann man gegen das Zipperlein wenig ausrichten. Die Ernährungsratgeber sagen: Purin arme Kost also kein Fleisch, kein Fisch, kein Alkohol, aber Milch, Gemüse und Kartoffeln. Bei chronischem Leiden helfen Allopurinol und gegebenenfalls Analgetika, die aber wiederum oft unerwünschte Nebenwirkungen haben. Weil ich so schön mit ihr gewandert bin, bekomme ich von meiner Frau einen kalten Wickel an meinen Fuß, der mit einer elastischen Binde befestigt wird. Der Doktor hat mir Schmerzmittel verschrieben. Beim Lesen des Beipackzettels bekam ich eine Angststörung und überlegte, ob ich mir dieses pharmazeutische Erzeugnis überhaupt reinpfeifen sollte. Man sagt, die Zeit heilt alle Wunden, wenn wir das Zipperlein mal als Wunde durchgehen lassen wollen. Ich habe die Hoffnung noch nicht aufgegeben.

Viszeralfett

Ich habe mehrere Gläser Wein nicht getrunken, die ich getrunken hätte, wenn wir nicht unser denkwürdiges Gespräch über Viszeralfett geführt hätten«, sage ich zu meiner Sporttherapeutin, die mich in der vergangenen Woche auf eine elektronische Körperbestandteile-Waage gestellt hatte. Sie hatte mit Hilfe dieser Analyse-Waage, die Muskelmasse, Wasser, Knochen und Körperfett ausweisen kann, reichlich Fett bei mir ausgemacht, das meine inneren Organe umgibt und statistisch das Risiko erhöht, an Schlaganfall, Herzinfarkt, Diabetes, hohen Harnsäurewerten und last but not least an Krebs zu erkranken. Und zwar durch wie immer geartete Hormontätigkeit. Schöne Aussichten für einen Embonpoint-Träger. Es gab Zeiten, da war ein Bauch ein Zeichen für gute Gesundheit – en bon point – in gutem Zustand.

Mich strengt meine alternde Nacktheit schon an; doch kann ich die Nacktheit anderer Männer in der Umkleide des Fitnessstudios noch schwerer ertragen, im Umkleideraum selbst und unter der Dusche. Die schweren weißen Bäuche, die Männerbrüste, zwischen denen sich grauweiße Behaarung kräuselt, die sich an den Waden kringelnden Krampfadern, die pilzbefallenen, verhornten Füße, die ein alter Mann nach dem Duschen immer föhnt. Ein anderer schlägt seine Socken aus, dass es staubt. Und welche Disproportion zwischen gewaltigen Leibern und dünnen Beinen.

Wie anders doch die durchtrainierten Körper einiger jüngerer Männer mit großen Penissen, die ihre Schamgegend kahl rasiert haben, so dass die Größe vielleicht optisch nur vorgetäuscht ist, und die durch diese Kahlheit wie riesige kleine Jungs aussehen. Breitschultrig, schmalhüftig, mit Waschbrettbauch und Knackpo, wie auf der Titelseite von *Men's Health*. Ich hasse auch sie, wie sie prüfende Blicke in den Spiegel und körperabwärts tun. Fehlt nur noch, dass sie sich auf ihren Bizeps küssen.

Was ist in meinem Fall zu tun? Einfach aufgeben? Die möglichen Risiken, falls sie denn zutreffen, ignorieren? Natürlich stünde es mir besser, zwanzig Kilo weniger auf die Waage zu bringen. Wie ist der Weg? Ursachen fürs Dicksein: angeblich Bewegungsmangel und Überernährung. Über hundert Kilo, ich liege auf dem Bett und schnaufe, kein barmherziger Schlaf will mich in seine Arme nehmen. Die Alternativen: So weiter machen wie bisher. Die Annehmlichkeiten, ein gutes Essen, gern auch mit Dessert, die Vorzüge eines guten Rotweins oder Weißweins täglich genießen, nicht so arg viel laufen und vor dem Fernseher sitzen. Gewohnheiten, die sich in mein Leib-Seele-Kontinuum eingraviert haben. Aber die geistige Vorstellung eines schlanken Körpers, der – auch nach Auffassung meiner Sportanleiterin – gesünder ist und womöglich attraktiver, ist eine abstrakte, sie ist Vorschau auf einen zukünftigen Zustand und nur schwer zu fassen. Es stellt sich die Frage der Motivation. Und das mir, der ich meinen Leib immer nur als Apparatur verstanden habe, die meinen Kopf umherträgt. Die Einlagerung von Viszeralfett war in der guten alten Steinzeit eine sinnreiche Einrichtung, denn der paläolithische Mensch wusste nie, wann er wieder etwas zu essen bekam, und so hatte er immer einen kleinen Vorrat an biologischem Brennstoff dabei.

Hatte ich nicht meiner Trainerin versprochen, vier Wochen auf Bier und Wein zu verzichten und danach wieder auf ihre Analysewaage zu steigen, um herauszufinden, ob dieses Opfer eine Verminderung des bösen Viszeralfetts bewirken könnte? In diesem Zusammenhang fällt mir ein Volkslied ein, das ich in meiner Folkloremusiker-Phase häufig gesungen habe.

Einst hat mir mein Leibarzt geboten:
Stirb, oder entsage dem Wein,
Dem weißen sowohl als dem roten,
Sonst wird es dein Untergang sein.

Ich hab' es ihm heilig versprochen,
Auf etliche Jahre zwar nur,
Doch nach zwei so schrecklichen Wochen
Vergaß ich den albernen Schwur.

Wie trefflich bekam mir die Speise,
Wie schlief ich so ruhig die Nacht,
Wie war ich so munter, so weise,
So fröhlich zum Sterben gemacht.

Tod, höre, man hat mir befohlen:
»Stirb, oder entsage dem Wein!«
Sieh, wenn du willst, kannst du mich holen
Hier sitz' ich und schenke mir ein.

Ich bin noch zu keinem endgültigen Ergebnis gekommen. Ich sitze schwer in der Klemme und bin ratlos. Wer kann helfen?

Chapeau, Richard

Nein, nicht von Richard Rogler soll hier die Rede sein. Zu ihm ein anderes Mal. Auch nicht von Richard Wagner. Richard David Precht, kurz RDP, wie ihn alle Welt nannte und kannte, saß an seinem Mahagoni-Schreibtisch – »Aufstieg und Fall der Stadt Mahagonny«, Bert Brecht, der arme BB, fast Verwandtschaft, nur mit »B« statt »P« – ging es ihm da durch den Kopf. Mit der Goldkante. Nicht der Kopf, der Schreibtisch. Seine schöne hohe Stirn, die über dem ebenmäßigen Gesicht thronte, lag in zarten Falten. Mit einer eleganten Bewegung seiner sorgfältig manikürten, schlanken linken Hand strich er sich das seidige Haar zurück. Das maßgeschneiderte weiße Hemd hatte er an den Ärmeln zwiefach aufgeschlagen und die Knopfleiste bis zum dekorativen Brusthaar, ebenfalls seidig, geöffnet.

In sanfter Verzweiflung mäanderten seine Gedanken, mit welchem neuen Thema er die deutschen Feuilletons, die Talkshows und die Bestsellerlisten beglücken und erobern könnte. Er hatte die Themen »Liebe«, menschliche Identität et cetera et cetera abgearbeitet. Die Bezeichnung »Pop-Philosoph« begriff er als Ehrenname. Er war der David Garrett unter den Weltphilosophen. Und während er so nachsann, schlug er sich plötzlich an die Philosophenstirn und rief mit klangschöner Stimme: »Heureka! Ich habe es gefunden!« Und schon formte sich die Headline für die Edelblätter und der Titel für sein nächstes Buch: »Stellt die Schule auf den Kopf!« Precht holte seine Edelfeder aus der Schublade seines Mahagoni-Schreibtisches mit der Goldkante und notierte: »Keine Klassen, keine Schulfächer, keine Zensuren!« – Genial! Wieso war vor ihm niemand darauf gekommen? Er lächelte. Es lag einfach an der Mittelmäßigkeit der anderen. Eigentlich konnte man die Lehrer auch noch weglassen. Man musste nur, er biss sinnend auf seinen Daumennagel, für jeden Schüler die Gesamtausgabe seiner Werke zur Verfügung stellen. Und, nun ja, Platon, Sokrates, Aristoteles, Thomas von Aquin, meinetwegen Cusanus, Leibnitz, Kant, Thomas Morus, Voltaire, Heidegger. Precht war bezaubert von der Reihe wunderbarer Namen, die ihm da so en passant eingefallen waren und die er neben sich gelten lassen konnte. Hoppla! Beinahe hätte er sein eigentliches Anliegen aus seinen schönen blauen Augen verloren. Unter vielen anderen hatte er die Telefonnummer des *Zeit*-Feuilletonchefs auf seinem eleganten Smartphone gespeichert. Dieser war so was von überzeugt von dem neuen Geniestreich des Richard David Precht, dass er die halbe Titelseite der Ausgabe vom 12. April 2013 für das schönen Konterfei des Starphilosophen und die Schlagzeile »Stellt die Schule auf den Kopf!« in großen Lettern freimachte. Besonders die Damen unter den Lesern waren begeistert.

Des Dichters Wohnhaus

Wie kein anderer hat Johann Wolfgang von Goethe Kultur und Wissenschaft in Weimar und weit darüber hinausbefördert. Wir besuchten Goethes Wohnhaus wie 180.000 Menschen pro Jahr auch. Das sind ca. fünfhundert am Tag und 5,4 Millionen in den letzten dreißig Jahren, die Goethes Präsentations- und Privaträume aufsuchten und sich sein Arbeitszimmer, Schlaf- und Sterbezimmer ansahen, Teile seiner Bilder- und Skulpturensammlungen, Minerale, Knochen und Skelette bestaunten und die von Christiane Vulpius bewohnten Räume. Was mag wohl den Reiz ausmachen, das Zuhause des Dichterfürsten und Universalgenies aufzusuchen? Sind es Voyeurismus, Ehrfurcht oder das Bedürfnis, den Atem des 1832 Verstorbenen im Nacken zu verspüren? Vielleicht ist es alles zusammen.

Ganz von selbst setzte sich bei mir eine eigenartige Fantasie in Bewegung. Hatte ich nicht auch schon einen Gedichtband im Selbstverlag veröffentlicht? Und waren nicht einige meiner Texte in einer Anthologie erschienen? Könnte nach meinem Ableben mein Wohnhaus nicht, wie das Goethe'sche, ein starker Anziehungspunkt in der Region Hannover werden? Schon bin ich dabei, mit den Augen eines künftigen Besuchers des Malz'schen Wohnhauses zu schauen, die Abfolge der Bilder an den Wänden zu begutachten, das Klavier, auf dem Malz musiziert hat, die Bücher im Regal. Ausgestellt würden Skizzenbücher, Handschriften von der Hand des Springer Literaten unter Vitrinenglas, die Gitarren in den Originalkästen, eine noch funktionsfähige Armbanduhr, nur mit Sonnenstrom betrieben. Die CD-Sammlung, die jetzt schon historisch ist im Zeitalter der Streamingdienste. Künftig wird wohl ehrfurchtsvoll die Stereoanlage zu besonderen Anlässen, z. B. meinem

Geburts- oder Todestag, mit weißen Baumwollhandschuhen in Betrieb genommen. Im Museumsshop gäbe es *Malz*-Bier, Schriften und Porträts, Plastikfiguren aus seinen fantastischen Geschichten. Ich sehe vor mir, wie die Menschen ehrerbietig mein historisches Laptop betrachten, auf dem so wunderbare Werke wie die Fäustin und Fausts Handschuhe entstanden sind. Die Besucher stehen vor dem Toilettentiefspüler, von wo aus M.'s Exkremente in die öffentliche Kanalisation entlassen worden sind …

Im Dichterhimmel treffe ich Goethe bei guter Gesundheit an. Er hat seine Weimarer Hofuniform und seine Stiefel an und hat die Haare schön. Er ist ein sehr präsentabler älterer Herr, der Herr Geheimrat. Nachdem ich mit Goethe über sein Wohnhaus in Weimar und die Besuchermassen gesprochen habe, sagt er mir, dass er das sehr wohl registrieret habe und das mit einem lachenden und einem weinenden Aug. Er sei ja schon eine kleine Ewigkeit in der Ewigkeit, wo er doch die Welt schon 1832 verlassen habe, er sich hier aber ganz und gar nicht langweile, da er stets in Gesellschaft der Besten sei, die auch an diesem – er sucht nach dem richtigen Wort – Elysium, auf paradiesischen, rosengeschmückten Wiesen auf denen immer Frühling herrscht, regen Austausch edelster Gedanken pflegen. Er kommt auf den Anfang seines Satzes zurück – er schon stolz darauf sei, dass sein Werk und sein Haus so viele Menschen anzögen, auch wenn manche nur von pöbelhaftester und schlichtester Neugier angetrieben seien. Kopfzerbrechen hingegen bereiteten ihm die vielen Auren, die, wie er mir andeutet, den Geist seines geliebten Domizils verludern ließe. Als ich ihm von meinem Ansinnen erzähle, den Menschen auch mein Haus zu öffnen, macht er mich auf mein eher kleines Werk aufmerksam, und gibt er mir Folgendes aus seinem Gedicht »Grenzen der Menschheit«, auf den Weg: »Denn mit Göttern / Soll sich nicht messen / Irgend ein Mensch. / Hebt er sich aufwärts, / und berührt / Mit dem Scheitel die Sterne, / Nirgends haften dann / Die unsichern Sohlen, / Und mit ihm / Spielen Wolken und Winde.«

Allmählich erwache ich aus meinem Tagtraum und schelte mich wegen meiner Hybris, meines Größenwahnes. Wie kann man sich mit Goethe vergleichen. Wo gibt's denn so was! Unmöglich! Geht *gar* nicht!

Per aspera ad astra – durch Mühsal gelangt man zu den Sternen

In einer dieser warmen Julinächte, Mitternacht war längst vorbei, suchte ich, fand aber keinen Schlaf. Ich hatte den Fensterflügel meines Schlafraums weit geöffnet, weil ich es sehr schätze, wenn die Nachtkühle mich umschmeichelt und umhüllt. Trotz dünner Decke war es warm, zu warm, so dass ich schlafkleidlos, also unbekleidet, im nicht ganz dunklen Zimmer und schlaflos auf dem Bett lag. Ich hatte schon länger ein Geräusch gehört, von dem ich nicht sicher wusste, ob es mein Tinnitus im linken Ohr oder der zart zirpende Nachtgesang einer verliebten Grille war. Ich begab mich ans Fenster, um diese Frage für mich zu klären. Es war eine Grille. Und ich war augenblicklich überwältigt von dem Anblick, den mir der nächtliche Himmel bot. Es gab keinen Mond, es war wolkenlos und die Himmelsschwärze war übersät von helleren und dunkleren Lichtpünktchen. Das nach Süden zeigende Fenster bot jedoch nur einen kleinen Ausschnitt des gesamten Spektakels und der nicht mehr ganz junge Mensch kann den Kopf nicht mehr so gut in den Nacken legen. Es sei denn beim Schnäpschen.

Ich hatte eine Idee: Ich schlich die knackende Treppe hinab, wobei ich versuchte so wenig Geräusch wie möglich zu machen, und das Ganze ohne Licht. Denn wenn man möglichst viele Sterne sehen will, sollten die Augen ans Dunkle gewöhnt sein. Ich arbeitete mich durchs stille Wohnzimmer, das vom Nase betäubenden Duft eines Phlox-Straußes erfüllt war, zum Wintergarten vor, musste aber erst noch die Glasschiebetür öffnen, was nicht ohne Geräusch abging. Dann fuhr ich die Markise mit der Handkurbel ein. Ich räumte einen Korbstuhl beiseite und legte mich, nackt wie Gott mich schuf, rücklings auf den piksenden Sisalteppich, der die Holzbeplankung bedeckt. Nun schaute ich senkrecht in den illuminierten Nachthimmel. Ein Erlebnis der besonderen Art. Man tut es zu selten. Durch das Glasdach mit den Streben konnte ich nun die ganze Pracht des Sternenhimmels sehen. Ich kam mir vor Captain Commander James T. Kirk auf der Brücke seines Space Ships Enterprise. Nur, dass ich keine Warpgeschwindigkeit anordnen konnte. Ich sah das blasse Band der Milchstraße, deren Sternenzahl auf ein bis zweihundert Milliarden geschätzt wird. Ich sah einige markante, hell leuchtende Sterne. Ein Sputnik, na ja, Satellit durcheilte die Himmelsschwärze. Mir fielen Zeilen ein: »Weißt du, wieviel Sternlein stehen / Dem hohen Himmelszelt? / Gott, der Herr, hat sie gezählet, / Dass ihm auch nicht eines fehlet / An der ganzen, großen Zahl …« »Und wär der Himmel droben / Von Samt und von Brokat / Und Sternlein eingewoben, / Ein jedes ein Dukat, / Wär keiner, der die Leiter stellt, / Dass man sie holen kunnt, / So ist die Zeit, so ist die Welt, / Mein Bruder Vagabund.« Ein solcher Blick macht demütig. Der städtische Haushalt, die Energiewende, der Wunsch nach einer Hundewiese im Anregungs- und Beschwerdeausschuss – winzig. Langsam arbeitete sich das Irdische in Form des unbequemen Sisalteppichs wieder in mein Bewusstsein. Mühsam stand ich auf und begab mich im Dunkeln ans entgegengesetzte Ende des Hauses zur Haustür. Ich schloss auf und trat nackt vor die Tür, um den nördlichen Sternenhimmel in Augenschein zu nehmen. Im selben Moment erlosch die Straßenlaterne vor unserem Haus. Es war ein Uhr. Vielleicht war es mein Anblick. Umso besser konnte man sehen. Ich konnte das W von Cassiopeia entdecken und den Großen Wagen und den Polarstern. Schließlich schlich ich mich wieder nach oben, ging in mein Arbeitszimmer, machte das Licht an, um im Bücherregal ein Buch über Sternbilder zu suchen, in das ich schon ewig nicht mehr hineingeguckt hatte. Meine Frau schaute schlaftrunken herein. »Wie wär's mit Schlafen?« Ich: »Hab' ich schon versucht!« Es war halb zwei. Ich ging zu Bett.

Nein, vorher ging ich nochmal ans Fenster. Die Grille sang nicht mehr; sie schlief. Ein letzter Blick zu meinen Freunden, den Sternen. Denn wir sind von Sternenstaub, aber das, liebe Hörer und Leser erzähle ich ihnen ein anderes Mal. Ich guckte nochmal aus dem Fenster. Ausbeute: Zwei Sternschnuppen. Gute Nacht. Per aspera ad astra – durch Mühsal gelangt man zu den Sternen.

Über den Autor

Harald Malz, geboren 1951, wuchs im sozialen Schmelztiegel Salzgitter auf. Er arbeitete nach Abitur und Studium der Anglistik, Biologie und Diplompädagogik in Hannover lange als Lehrer und pädagogischer Begleiter mit benachteiligten Jugendlichen. Heute engagiert er sich in der Kommunalpolitik, besonders in den Bereichen Schule und Kultur. Malz schreibt seit seiner Jugend Gedichte, komisch-ironische Kurzprosa und Erzählungen. Er liebt Musik und ist Begründer der Gruppe WortArt, die zahlreiche Lesungen in der Region veranstaltet.

zu Klampen Verlag GbR
Röse 21
31832 Springe

Bei Fragen zur EU-Sicherheitsverordnung GPSR wenden Sie sich bitte an info@zuklampen.de.